抖音

个人号、企业号运营

带货、卖货从入门到精通

（第2版）

马彦威　杨子龙　编著

U0274770

清华大学出版社

北　京

内 容 简 介

本书是由两位抖音实战派作者，结合100场线上、线下抖音带货与卖货培训课程，编写的一本抖音个人号、企业号运营的指导手册。

本书从理论和实战两方面对抖音电商运营进行了深度剖析，从而帮助广大抖音电商运营者快速精通抖音运营。在理论方面，作者从抖音号定位、建号和养号、视频加热技巧、引流增粉路径、实用卖货功能、抖音盈利思路、企业号运营、矩阵营销技巧、抖音新玩法等9个方面，对抖音电商运营的重点内容进行了全面的解读。在实战方面，本书通过具体案例对服装鞋帽、农特产品、日用品、美食、母婴亲子、3C数码等领域的抖音号运营，进行了详尽的分析。

本书适合抖音个人及企业运营者，特别适合通过带货、卖货进行盈利的运营者阅读，也可作为学校的教材使用。

图书在版编目(CIP)数据

抖音个人号、企业号运营：带货、卖货从入门到精通 / 马彦威，杨子龙编著. —2版. —北京：清华大学出版社，2023.12

ISBN 978-7-302-65034-8

Ⅰ.①抖…　Ⅱ.①马…　②杨…　Ⅲ.①网络营销　Ⅳ.①F713.365.2

中国国家版本馆CIP数据核字(2023)第230940号

责任编辑：张　瑜
封面设计：杨玉兰
责任校对：吕春苗
责任印制：宋　林
出版发行：清华大学出版社
　　　　网　　址：https://www.tup.com.cn, https://www.wqxuetang.com
　　　　地　　址：北京清华大学学研大厦A座　　　邮　编：100084
　　　　社 总 机：010-83470000　　　　　　　邮　购：010-62786544
　　　　投稿与读者服务：010-62776969, c-service@tup.tsinghua.edu.cn
　　　　质量反馈：010-62772015, zhiliang@tup.tsinghua.edu.cn
印 装 者：三河市龙大印装有限公司
经　　销：全国新华书店
开　　本：170mm×240mm　　　印　张：13.75　　　字　数：262千字
版　　次：2020年8月第1版　2023年12月第2版　　　印　次：2023年12月第1次印刷
定　　价：69.80元

产品编号：100548-01

前言

艾瑞统计的数据显示，2022 年短视频市场规模达 57.3 亿元，同比增长高达 183.9%。可见，短视频仍旧是目前最火爆的产业之一。面对如此庞大的市场，将来会有越来越多的企业进行投资，短视频平台则会拥有更多的商业机会。用户量不断扩大，流量变多，内容盈利也会更加频繁。而说到国内最火爆的短视频平台，那无疑就是高速发展起来的抖音。

抖音凭借短视频内容的标签化，精准、高效地匹配各类受众，有效地提高了品牌传播、电商销售、实体引流、个体 IP 等方面的商业价值，由此出现了国内一大批通过抖音内容创业、赚钱的创作者们。最典型的案例就是"口红一哥"李佳琦，其个性化的播报方式成为抖音带货最为流行的"梗"。

我和杨子龙老师，是 2018 年开始由企业自媒体咨询服务划分出一个部门进入抖音领域的，因为我们工作室一直做的是用户运营和增长的服务，和短视频运营逻辑是相通的，所以很快就发展起来了。在服务近百家企业进行抖音运营和举办线下 60 多场、线上 100 多场抖音短视频培训的过程中，我们发现，无论企业还是个人，要想快速地从内容创作者转变成盈利者，最简单的方式就是做抖音带货，也就是大家常说的"好物推荐""抖音种草"。

蝉妈妈发布的 2022 抖音电商年度报告显示，抖音平台的带货视频月均发布数超 1200 万，带货视频发布数同比增长 216.2%；带货直播间月均开播超 960 万，带货直播间同比增长 100.8%。随着抖音商城的上线，带动商品浏览量大幅提升，2022 年单件商品的浏览量同比增长 970%。我相信这些数据会震惊到你，为什么抖音短视频带货这么强劲？这不仅是头条生态大会上，抖音官方传递的"会不断地尝试更丰富的盈利方式，让内容创作者在这个平台上都有收获"，更是抖音短视频高度吻合碎片化生活、碎片化消费行为的结果。

有流量，就有生意。8.4 亿左右的抖音用户是一个巨大的消费群体。以一个宝妈为例，还原我们当下的真实生活状态。这位宝妈临睡前，打开手机刷头条或短视频，刷到一条广西的主播在果园里直播销售冰糖橙，有优惠券，还包邮，于是就下单购买了。解析一下，在此之前她并没有要吃水果的想法，是在碎片化时间里娱乐休闲时产生了消费意愿，您是不是也经常这样呢？

为什么看直播购买产品？为什么刷抖音内容时购买产品？因为我们的生活习惯改变了，消费行为也随之改变。这种消费场景更真实。如果你是做三农视频的，那么可以通过内容展现最真实的生活生产场景，例如，将种植木耳的全过程拍成抖音短视频和直播，抖音用户看到视频和直播之后，就会对产品和内容生产者的个人 IP 产生信任感；如果你是一个通过抖音短视频来测评儿童用品的宝妈或宝爸，那么就会对抖音中的宝妈、宝爸产生真实的影响；如果你是工厂的管理者，那么你的客户就可以通过抖音短视频内容来找到你，购买你工厂生产的产品。

内容电商将会是传统电商的又一个迭代和升级。

如何利用这波红利打造个人的赚钱通路？

如何利用内容给企业带来更高的曝光率？

如何利用直播给实体带来更多的转化和流量？

……这些问题都能从本书找到答案。

本书用最真实的案例全面展示抖音带货的基础操作和高级进阶玩法，在第 1 版的基础上，删除了一些过时的内容，增加了一些更符合当下的新内容、新技巧。针对不同人群的需求，提供了更全面、更系统的实战内容。大量翔实的案例涵盖你所需的领域，100 多个实操案例给你做参考模板，大量落地性技巧给你保驾护航。

本书共分为两条路线，一条是理论路线，另一个则是实战路线，我负责的是理论参考的写作，实战路线的内容则是由杨子龙老师负责的，希望本书可以帮助电商运营者快速精通抖音运营。

本书由马彦威、杨子龙编著。由于作者知识水平有限，书中难免有错误和疏漏之处，恳请广大读者批评、指正。

编　者

目 录

第 1 章

5 维定位法：独门秘籍找准卖货的方向

学前提示

抖音号运营定位非常关键，定位一旦确定，你的运营方向也就明确了。这一章，笔者将结合 5 维定位法，帮大家找准卖货的方向，让大家的抖音号运营赢在起点。

要点展示

- 5 维定位，找准账号方向
- 3 个要点，做好定位实操

1.1 5 维定位，找准账号方向

本节主要是通过 5 个维度的讲解，让运营者能够准确地给自己的抖音号定位。定位对于抖音号来说非常关键，如果定位做得好，后面的引流和卖货都不成问题。那么，到底什么是抖音号的定位呢？一句话，就是区别于别人的抖音号，在粉丝心中打上清晰的标签。换句话说，就是让粉丝记住你，并且能够关注你，或者让粉丝推荐你，这就是你要找的定位。

例如，丽江石榴哥，大家对他的清晰认知是：这是一个非常朴实的人，这是一个会 6 门以上外语的卖石榴的朴实小哥。又如，"口红一哥"李佳琦，粉丝都知道他是做口红测评的一个帅哥，这就是李佳琦的一个标签和清晰定位。

5 维定位法是从产品、领域、人设、内容和展现形式这 5 个维度进行定位的一种方法。那么，究竟如何来做 5 维定位呢？本节就重点解答这个问题。

1.1.1 产品定位

图 1-1 所示为 4 个抖音号。第 1 个抖音号卖的是什么？很显然是提臀裤。所以它的内容一定和提臀裤这个产品有关。因此，这个账号的视频内容都与健身锻炼相关，还有许多穿此种裤子在其他场景展示的视频，这实际上就是围绕着产品做内容、展示产品。所以，如果你能够围绕产品进行清晰的定位，那么带货将会变得非常简单。

图 1-1 4 个抖音号

第 2 个是一个唱歌教学的抖音号。这种抖音号也是围绕着产品来定位的，它的产品是什么？它的产品是唱歌的线上教学，所以它用唱歌的内容来吸引更多的人来学习唱歌。

第 3 个抖音号是"老丈人说车"，它的产品定位是接广告。大家都知道，这是祝晓晗的一个小号，虽然这是一个小号，但也有 700 多万的粉丝。因此对于广告主来说，在这个账号上做广告是有价值的。既然是接广告，那么它所有的内容一定是围绕着这个产品做的，所以它的内容虽然是说车，但植入了车品的广告或者车企的广告。

第 4 个抖音号很有特点，这是河南平顶山的一个女孩运营的。她开始的时候只是做面馆里面的内容，目的是吸引别人来面馆里吃面，这是实体店围绕产品定位的一个方法。后来咨询的人越来越多，就开始招商加盟，很多人在她家学习怎么做面、怎么营销、怎么炸好吃的辣椒油。所以她的内容迅速转变成了吻合招商的内容。因此，这个抖音号的内容就是面馆里面很多学员在学习、在试吃、在自己练习，这样的内容也告诉别人，她家是可以招商加盟和招学员的。

这 4 个案例清晰地告诉我们，只要围绕着产品定位去做内容，那么卖货、带货就会变得非常简单。

我们可以结合自身的技能和产品来进行定位，具体来说，根据技能和产品情况，可以绘制如图 1-2 所示的产品技能象限图。

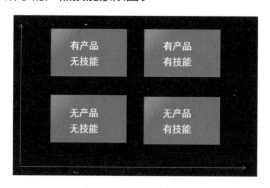

图 1-2　产品技能象限图

有的人是有产品，但是没有技能，那么就可以从产品出发，围绕产品，计划 3 ~ 5 个领域的内容定位方向。

有的人是无产品无技能，那么这部分人怎样去定位抖音号呢？他们可以定位为吸引粉丝，或者吸引一部分精准粉丝，然后通过橱窗卖货赚取佣金，或者是可以去卖流量、卖广告或者卖号。

有的人是没有产品，但是有技能，这个非常好办。比如，有知识输出的技能，那么就通过知识内容去做运营，知识内容本身就是一种产品。比如，有手工的技能，哪怕是有带孩子的技能，都可以变成自己的定位。没有产品不要紧，只要有技能吸引精准的粉丝，那么在吸引的过程中或者在运营的过程中，自然会有很多有产品的人主动找你合作，或者在这个过程当中你已经有大量的粉丝了，已经不怕卖不出产品了，这时候再去找产品是非常容易的。

有的人既有产品，又有一定的技能，那么就要围绕着产品去做内容。比如，一个卖护肤品且平时非常喜爱段子的人，闲暇的时候就会和别人聊几句段子，那么他在介绍护肤品的时候，就比别人多了一个介绍维度，就是他的展现形式比别人更丰富，也就是说，他可以用讲段子的形式把产品展现出来。抖音上有个美妆博主就是这样，每次化妆的时候，都会讲一个很有意思的段子，如抨击生活当中很多女人不爱花钱、不爱美的现象，因为这些段子大家想听，所以她的粉丝量暴涨。

所以，无论你是图 1-2 中的哪一种类型，都能够解决关于定位的问题。定位还是比较好做的，不要着急说自己什么都不会。只要能够学好抖音的这个技能，包括上热门的技能，有了流量就一定能够做好卖货、带货。

做产品的目的是赚钱，要想赚钱，抖音上发布的内容必须围绕着产品来展开。那么，如何围绕产品定位做好内容呢？首先要解决的问题就是，你的产品满足谁的需求？是解决了谁的什么样的需求？这点非常重要。所以如果你有产品，就要先分析你的产品。比如，你有纸尿裤这种产品，那么纸尿裤是满足了谁的什么需求，你要分析清楚。

那么，有产品又该如何进行产品内容定位呢？其中一种方法就是对产品进行功能上的细分。产品的功能细分特别简单，还拿刚才说的纸尿裤来举例，可以通过这件产品细分出哪些功能呢？非常多，如吸水性、透气性和舒适度，这 3 部分内容，就是从你的产品出发，把它的功能进行了 3 部分细分，然后抖音视频内容围绕着这 3 部分做就可以了。

产品的应用场景对于卖货、带货也非常重要，产品的应用场景应该怎么理解呢？很多人说想在抖音店铺里卖东西，但平台不让做广告，做了广告就会限流，那么这时该怎么办呢？哈尔滨有一家卖皮草的企业，每天都拍一些段子，现在拥有了 100 多万粉丝。他们的秘诀是把段子融合到销售场景中去，从而植入产品。而且，他们经常会穿着自己的产品去做内容，所以应用场景非常重要。比如你是卖一种机器的，这时你应该思考这个机器究竟在什么场景下应用，接着再利用产品的场景去定位内容。

举一个简单的例子，现在微商非常多，有人认为在这种情况下化妆品不好做。其实不然，我们可以先了解这个化妆品的应用场景都有哪些，然后从产品应用场景出发去细分内容。比如，我们上班要化什么样的妆？应聘要化什么样的妆？上健身房运动要不要化妆？上学要不要化妆？它的应用场景特别多，这都是从产品定位出发应该做的内容。

产品定位还需要做好产品与人的互动，这个也特别简单。产品和人究竟怎样产生连接，这也是从产品出发做内容的一个角度。

有的人做好产品定位之后，不知道怎样选产品。那么做抖音带货，商品的来源都有哪些渠道？接下来就给大家介绍在推闪这个平台免费领取抖音拍摄样品的步骤。

步骤 01 打开电脑的浏览器，进入推闪官方网站首页，如图 1-3 所示。

图 1-3 推闪官方网站首页

步骤 02 单击左上方的"注册"按钮，进入"注册用户"页面，如图 1-4 所示。在该页面中输入手机号、登录密码、微信号（选填）、验证码、短信验证码和邀请码等信息，然后单击"注册"按钮。需要注意的是，没有邀请码是无法注册和领取样品的。

图 1-4 "注册用户"页面

步骤 03 注册完成后返回到官方网站首页，可以看到有很多产品类目，如服装、美妆、配饰、鞋帽、箱包、儿童、母婴、居家和美食等。用户可以按照自己抖音号的产品定位选择相对应的产品查看。

单击某件产品，进入产品详情页面，可以看到到手价、优惠券、佣金、佣金比例等信息，以及对粉丝数、点赞数、作品数等的要求，如图1-5所示。

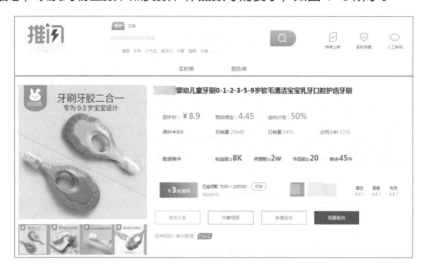

图1-5 产品详情页面

如果账号的粉丝数量没有达到标准，账号中的某一条视频点赞数达到要求也可以。每件商品的要求都不同，用户可以根据自己的账号来选择。

步骤 04 单击产品详情页面中的"我要验货"按钮，弹出一个窗口，要求必须绑定抖音号才能领取拍摄样品。单击"去认证"按钮，进入"抖音认证"页面，如图1-6所示。

图1-6 "抖音认证"页面

步骤 05 输入联系方式和收货地址，并绑定你的抖音号。操作完成后，会跳出一个抖音二维码。在抖音中用"扫一扫"功能扫描该二维码，并给该二维码对应的账号发一个私信就可以等待绑定成功的消息了。

对于推闪，有以下几个测评建议。

（1）如果你有多个抖音账号，要先绑定粉丝量较多的账号，因为粉丝越多，可以领取的产品份数就越多。

（2）虽然领取产品份数有限制，但是你领取并上传了视频之后，就可以重新计算产品份数了。

（3）推闪平台的设置很人性化，产品分类比较清晰，领取样品的操作也比较简单。但是，注册的时候不要忘记填写邀请码，不然无法注册账号、领取产品。

1.1.2　领域定位

图1-7所示为抖音中常见领域的一张图，常见的领域有搞笑、三农、养生、创业、美食、护肤、摄影、动画、知识、付费、企业品牌宣传、招商、加盟、财经、军事、亲子、旅游、数码、电影等，任何一个领域都可以在抖音上获得流量，并进行卖货、带货。

图1-7　抖音常见领域

在此重点列举5个领域。第1个是搞笑领域。搞笑和段子在抖音上传播得最广，因为它能够带给人轻松、愉快的感觉，现在很多人都是利用碎片化的时间看这类内容，所以搞笑类的内容吸引粉丝也是比较快的。有的人说他们想卖产品，但不能天天光弄搞笑视频。其实这也很简单，他们可以把产品和搞笑内容结合，将搞笑内容作为产品定位的展现形式。

第2个是三农领域。三农非常好做，如果在农村，没有任何特别的产品，那么农村的任何一件产品都可以成为定位产品，都可以在这个领域中做得非常优秀。例如抖音中有一个山东的小女孩卖红薯，做得非常优秀。既然红薯可以做，那么农村里的其他农产品也可以做。

第3个是养生领域。养生领域包括食疗、减肥、颈椎病治疗、骨病治疗等各方面。需要注意的是，对于养生这个领域抖音并不是很扶持，但是要做好也有很多方式和方法。

第 4 个是创业领域。创业领域也是非常好做的，很多做微商的愿意做创业类的内容。创业领域的竞争非常激烈，那么为什么很难做下去或者很难做起来呢？可能是因为创业知识没有结合创业痛点。有的人只从其他平台把别人的内容拿过来，没有进行加工，也没有深入地了解粉丝的痛点。击不中粉丝的痛点，就肯定不会获得很高的点赞和评论，也不会获得粉丝，而要卖货就更难了。

第 5 个是美食领域。图 1-7 中美食领域的抖音号的主作者叫"新疆羊蹄西施"，这个主作者已经做了好几个号，而且很多号都开始了卖货变现。"新疆羊蹄西施"已成了当地的一个小网红，虽然她只有 20 多万粉丝，但是很多人都跑到她的摊位前跟她合影。所以说做美食号，就是要把人设融入美食当中，这样就能够获得更多的粉丝，更好地进行卖货。

除了以上 5 个领域之外，抖音上还有一些热门领域，如旅游。现在抖音上有大量的摄影机构教别人怎样拍视频，特别是拍婚纱类的视频。这类账号即使只有 10 万、8 万的粉丝，也能起到很好的引流作用。比如，某摄影机构在丽江拍这类内容，那么想要结婚的年轻人，可能就会联系他们，去丽江找他们拍婚纱照。这样，他们就可以把全国各地的粉丝都变成自己的客户，这个转化率是极高的。

所以，无论做哪个领域，只要了解了能够解决谁的什么痛点，并有针对性地进行营销，那么就容易胜出。

了解了抖音的常见领域之后，接下来再来看一下领域定位的主要原则。

第 1 个就是目标粉丝人群的数量和粉丝的共性需求。目标粉丝人群的数量对运营抖音账号影响是非常大的。因为数量比较大的话，吸引目标粉丝的能力也就特别强。

第 2 个就是自己的优势分析，也就是自己擅长什么。有的人说，"我只擅长在农村地里干活"，那他可以做三农抖音号。他拥有的可能是别人好奇的，可能是别人感兴趣的，但是并没有挖掘和发现它。就是说有人认为自己没有技能，但其实已经具备了某项技能。比如，有一个 300 多万粉丝的抖音号主，她每天做的就是拍农村的原生态生活，包括炒菜、做饭，这看起来不算是技能，但这就是她所擅长的，是她的优势所在。

所以，关于自己优势的分析，第一个方法就是挖掘自己身边的资源，第二个方法就是利用地域的差异。比如，你在东北，而很多南方人对东北的生活感兴趣，你就能吸引大量的南方粉丝。比如，你在新疆，即使拍新疆的风土人情，也会吸引大量的粉丝。比如，你在武夷山，那么武夷山所有的风景内容都是你的优势所在，你就能吸引大量对武夷山风景感兴趣的粉丝。所以，第三个方法就是去找你擅长的是什么？还有就是选择领域，你要想好未来的变现方式。

关于领域定位，就详解一个方面——粉丝基础，也就是我们的粉丝有多少，这个需要制作用户画像。用户画像是领域定位的基础，它主要解决以下几个问题：你的用户是谁？他们有什么样的需求？你提供的每条短视频内容是否满足了他们的需求？这些需求如何有效地转化为视频内容？这都是你要思考的。

其实，用户画像就是标签化用户。用户标签，就是可以用哪些标签来描述用户。

给大家举一个特别简单的例子，假如你是做减肥产品的，你能给用户找出多少标签呢？笔者总结了一些与减肥相关的关键词，如图 1-8 所示。

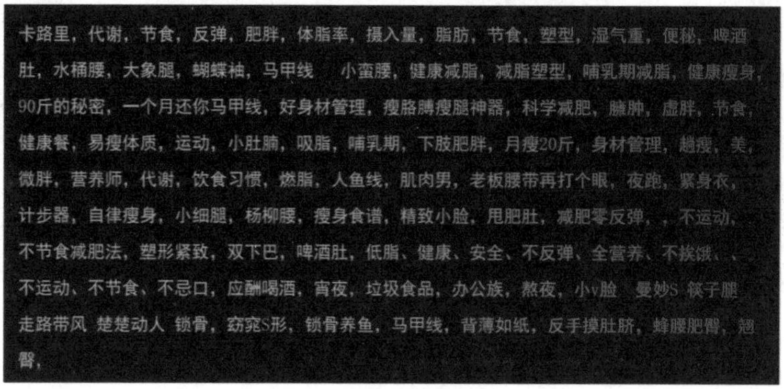
卡路里，代谢，节食，反弹，肥胖，体脂率，摄入量，脂肪，节食，塑型，湿气重，便秘，啤酒肚，水桶腰，大象腿，蝴蝶袖，马甲线　小蛮腰，健康减脂，减脂塑型，哺乳期减脂，健康瘦身，90斤的秘密，一个月还你马甲线，好身材管理，瘦胳膊瘦腿神器，科学减肥，臃肿，虚胖，节食，健康餐，易瘦体质，运动，小肚腩，吸脂，哺乳期，下肢肥胖，月瘦20斤，身材管理，趟瘦，美，微胖，营养师，代谢，饮食习惯，燃脂，人鱼线，肌肉男，老板腰带再打个眼，夜跑，紧身衣，计步器，自律瘦身，小细腿，杨柳腰，瘦身食谱，精致小脸，甩肥肚，减肥零反弹，，不运动，不节食减肥法，塑形紧致，双下巴，啤酒肚，低脂、健康、安全、不反弹、全营养、不挨饿、、不运动、不节食、不忌口，应酬喝酒，宵夜，垃圾食品，办公族，熬夜，小v脸　曼妙S　筷子腿　走路带风　楚楚动人　锁骨，窈窕S形，锁骨养鱼，马甲线，背薄如纸，反手摸肚脐，蜂腰肥臀，翘臀，

图 1-8　与减肥相关的关键词

这些关键词非常重要，如果你是做护肤品的，那你能不能像图 1-8 一样，找到护肤类的所有标签？这里，只是以减肥为例，在具体操作时，读者可以根据自己的领域定位找出关键词，进行用户的标签化。

1.1.3　人设定位

人设是什么意思？人设就是抖音粉丝通过账号中的内容感受到的你的性格、情感和价值观。

抖音上常见的人物性格特征分析，有狂热、励志、率真、原生态等。原生态特别好理解，就是展现一个原生态的人物。当然，并不是说农村的都是原生态的，城市里的人，用 vlog（video blog 或 video log，视频记录、视频博客、视频网络日志）记录工作状态，也是一种原生态。

所以，人设是能够给你带来流量和转化或者进行带货的基础，一个清晰的人设，能让你很好地进行卖货、带货。大家一定要记住这句话：“超强的人设能带货，专业的人设能卖货，模糊的人设只能娱乐。”对于模糊的人设不再举例了，在抖音上做内容的，没有专业学习抖音号运营的，99% 都是模糊的人设，他们就是今天发跳舞的视频，明天发唱歌的视频，后天发逛街的视频，没有一个清楚的人设定定位，很难吸引到粉丝，也很难去卖货。

超强的人设能带货，怎么理解呢？大家看一下图 1-9 所示的 3 个案例，第 1 个案例就是超强的人设——李佳琦。李佳琦推荐什么卖什么，这就是超强的人设，这是一个已经形成了网红品牌的人设。

图1-9　变现人设的案例

超强的人设有一个基本的特征，就是他形成了一种风格。有的人会说："像李佳琦这类风格的，我又发现几个。"这就说明人们已经给李佳琦贴上了某个类别的标签，这就是超强的人设。

下面讲专业的人设，专业的人设就是在专业细分领域里做得非常棒。比如，图1-9中间这个案例，是我们的学员大娇。她告诉大家"我从210斤能减到120斤，我的减肥方法对你一定有用"。所以她通过直播健身房运动，包括现在我们告诉她的生活场景的植入，来树立专业的减肥人设。

为什么要植入生活场景呢？因为你每天只去锻炼，你有人设吗？你有情感吗？你有价值观吗？没有。但如果把你的生活展现出来，你的家庭生活很和睦，你和老公很恩爱，你很爱孩子，你给婆婆过生日，别人就能从你的内容当中推断出你是一个真诚朴实的人。

图1-9中的第3个案例是一个教英语的账户，他教英语很专业，也是一个专业的人设，所以他做培训，卖货能力也特别强。

人设是一个抖音大号必须要具备的，因为一个账号的号召力很大程度上来自于它的人设。

那么，抖音账号如何做好人设呢？下面就以情景剧或搞笑段子形式的抖音号为例进行说明。情景剧或搞笑段子形式的抖音号往往只有剧情，没有一个长期稳定的人物设定，所以个人IP打造方面有所欠缺，这样也会影响账号的卖货能力和带货能力。这类账号可以重点从3个方面进行人设规划。

第1个是外形特征的抓取。比如，有一个做抖音情景剧的姐弟在外形特征上他们定位的是大嘴姐和龅牙弟。专业人士看了他们的视频后，为他们重新做了外形特征的规划，建议他们俩可以打造大嘴姐、大嘴弟这样的形象定位，因为他们确实是亲姐弟，而且具备嘴比较大的特点。

如果外形特点定位在大嘴，那么在做内容的时候，嘴型要夸张，强化大嘴这个标签。经常用一些特写镜头来表现、强化这个特征，同时可以通过放慢语速来配合画面。所以，外形特征的定位，一定是从自己身上寻找特点，包括性格特征也是如此。只有从自身出发才能拥有独特性，切记不要看别人某个特点很火就去模仿，如果不属于自己的，那就没有任何意义。

第2个是人设中性格特征或行为特征的定位。人物性格在人设定位中占到80%，因为人物的性格往往决定了粉丝的互动性，有的人内心善良，有的人言语幽默，有的人积极正能量，也有的人呆呆的很单纯，不同的性格往往形成独特的人格魅力。

性格特征定位第1个要注意的是，不能拿普遍的性格特征作为主要人设，比如善良、可爱等。所有人都具备的就缺乏个性。比如，从和某个学员聊天中了解到她特别善于表现自我，这个可以放大作为人设。对于善于表现自我这一性格特征，我们再分析一下具体内容的应用，当被夸赞时，就洋洋得意，这就是善于表现自我，所以在做内容的时候，可以对此进行强化。

性格特征定位第2个要注意的是，剧情中人物的人设一定要形成反差。比如，姐姐的人物设定为嘴大的大龄剩女、善良、爱表现（只要被夸赞就得意忘形，丧失警惕……），弟弟的人物设定为阳光、懒惰、爱幻想、装成熟。在故事情节当中，以人物设定为基础，情节就是弟弟白，姐姐黑；弟弟聪明，姐姐愚笨。也就是说，在每一个段子当中，一定是内容和人的性格特征相吻合且具有反差。如果没有一个固定的人设，每条内容里都是混乱的人设、模糊的人设，就不利于长期的个人IP的形成。

三是在内容里进行具体体现。以装成熟的人物性格特点为例，怎么做内容呢？比如，弟弟经常对生活发出一些感慨，但是自己没经历过，所以经常被姐姐打击。再比如，辅导单身姐姐恋爱心法，说得头头是道，然后姐姐说了一句话"我记得你从来没有过女朋友呀"，弟弟就被打击得体无完肤，被揭了老底。两个人拍段子一定是一反一正，这样才能形成强烈的反差和反转。

以上例子告诉大家应该怎么去思考，大家可以结合自己的特点规划人设。人设必须自己确定，因为自己的性格只有自己知道。人设确定好了，做内容的时候才能和人设结合，在视频中把这个人设体现出来。

1.1.4　内容定位

内容的定位有3个原则，第1个是在领域里做内容的细分。什么叫细分？有人说需要亲子方面的粉丝，做亲子教育可以吗？亲子教育分很多种，0～3岁、3～6岁、孩子敏感期教育、孩子感觉统合教育、孩子叛逆期教育和青春期教育，这主要是从年龄上分类。还有很多其他分类，如孩子如何读绘本、孩子如何玩玩具、孩子如何学数学、孩子如何锻炼思维、孩子如何速记、孩子如何写作文等。

这么多的细分内容，只有围绕一个细分类目做内容，才能吸引更垂直、更精准的粉丝。这个细分内容一定是从要卖的货（即你的产品）出发确定的。

第 2 个是心电图式的热门布局，内容矩阵一定要先定位好，做好了内容矩阵，上热门的机会才会变大，卖货、带货的效果也会变得更好。

第 3 个是围绕产品做精准的内容，进行超强的转化。这个在 1.1.1 节中已经讲过，不再赘述。

抖音是以内容为王，所以千万不要以为做抖音就是拍摄和剪辑。内容只做出来不行，还得让用户愿意看下去，并产生共鸣。那么，究竟如何做内容呢？

可以从情、趣、用和品这 4 个维度，做用户喜欢的内容，进而达到上热门和粉丝增长的目的。

"情"指的是有内容、有情绪、有情感，触发抖音粉丝的情绪，引起共鸣，达到传播效果。凡是能够引起共鸣的内容，都会获得非常多的点赞和评论。那么从哪几个角度出发去引起共鸣呢？经历、职业和身份等，这些都会引起别人的共鸣。比如，说你讲的经历，用户曾经也经历过，那么就会引起用户的同理心，进而引起共鸣。

"趣"指的是内容要有趣。有趣是内容制作的一个基本原则，抖音是一个记录美好生活的平台，记录美好生活就是要把生活当中既有趣又有料的事情展示出来。所以，我们做的内容到底哪里有趣？语言方式有趣吗？拍摄的形式有趣吗？剪辑有趣吗？故事情节有趣吗？这些都值得思考。

"用"则是指内容有用、有料，能用得上。关于有用，需要强调一点，就是你的知识要落地，你的内容要对别人有帮助，也就是要有价值。比如，大部分的护肤带货账号，都夹带着一些生活当中的护肤技巧、护肤品的应用场景，这些能够帮助别人改进日常护肤盲点，所以它对别人是有用的，能够用得上的。

"品"是指内容是有价值观的，如果整个账号内容没有一个正确的价值观，那么这个账号很难长久运营下去。所以，不鼓励那些整蛊的、负能量的，或者是没有正向价值的垃圾内容。"品"其实侧重的就是三观要正。我们经常看到抖音上那些励志、公益的内容，会获得非常多的点赞量，这就是三观正，这才能被人认同。

1.1.5　展现形式定位

展现形式主要有 9 种类型可以借鉴。

第 1 种是图文形式。翻转字幕的形式就属于图文形式。情感、读书、技能和知识输出类的账号适合采用这种形式。

第 2 种是录屏形式。比如，把教学技能录屏下来，然后教给大家，这就属于录屏的展现形式。技能类的录屏形式通常偏实操性。还有一些情感类的内容，如两个人的微信对话，也可以采取录屏的形式录下来。

第 3 种是街访形式。街访就是街头访问。用街访形式的一般都是本地信息号，笔者在成都做了个成都信息号，展示成都本地的一些事情，如在街头访问关于谈恋爱的事情，这样去吸引本地更精准的粉丝进行导流。

第4种是剧情形式。很多搞笑、段子类的，包括情感类的账号一般采用剧情展现形式。

第5种是情景再现形式。情景再现形式的内容最近也增长了很多，比如一些80后的账号，再现了20世纪80年代的一些事物：穿着喇叭裤、带着红军帽、骑着自行车等。这种回忆式的情景再现让人觉得很有意思。

第6种是特效形式。很多创意类、技术类的账号，一般会使用这种形式。

第7种是讲授形式。比如，讲知识、脱口秀，站在那讲、坐在那讲、走动着讲、边运动边讲、边做事情边讲，讲授的具体形式比较丰富。

第8种是话剧形式。这种形式一般都在摄影中展现，这影像是怎么拍的？就是有一个人在旁边给你作记录。

第9种是视频博客形式。这是一种比较新的展现形式。视频博客就是现在常说的vlog，它就是做生活记录。这是一个很好的展现形式。

精彩的展现方式可以让你的视频锦上添花，下面举两个例子。

第1个案例是脱口秀视频，脱口秀只是在屏幕上说一段话吗？现在脱口秀的形式已经非常丰富了。比如，一个小女孩在走，另一个人在问她关于减肥的事情，然后她做了回答，这是用一问一答的形式做脱口秀。也可以做成自己问自己答，一个人扮演两个角色。

第2个案例是讲在两周内如何减肥的视频，它用翻转字幕结合了视频，每一个视频都像在一张图片上不断地进行变换。这个视频出来了，做两个动作，翻过去一页，又到一个视频上做几个动作。所以，要用丰富的展现方式让视频锦上添花，多种形式融合在一起，内容更丰富，才更容易上热门。

抖音号等于什么？笔者总结了一个公式：抖音号＝设定的人物性格＋变现方式＋领域内容＋展现形式。

你用什么方式把人物性格和产品所演变成的内容展现出来，这就是你的抖音号。所以，我们一定是从变现方式和产品出发，确定个人的性格特征，规划领域的内容，然后用最适合的展现形式表达出来，或者用最丰富的展现形式表达出来。

那么，究竟怎样判断定位是不是成功的呢？给大家讲一个例子，比如你是讲销售的，你用幽默的形式讲，所以你的定位是个幽默的营销专家。别人能够给你这样的标签，就说明你成功了。

你的定位就是你在别人心目中的印象，定位成功就是粉丝向别人推荐的时候，知道怎么推荐你。如果你发的内容乱七八糟，没有一个统一的定位，别人推荐这个号时，也没办法表达清楚这是个什么样的号，那就说明你的定位失败了。

养号的初期，内容一定要在细分领域范围之内，如果超过了这个范围，就不会养出一个垂直的抖音号。在此基础上，你可以考虑内容质量占比多少，展现形式丰富不丰富，人物有没有鲜明的特点。

如果你掌握了很多知识，内容非常接地气，而且能够解决别人的痛点，那么，即使你不会搞笑、不会幽默、不会说段子，也可以直接在镜头前讲。虽然你的展现形式很单一，但是内容占比非常高，这样也是可行的。

1.2 做好定位实操

了解了 5 维定位法，下面结合 5 维定位法来做定位实操。

1.2.1 切割定位法

抖音定位是核心中的核心，其中有一个领域定位，90% 的企业布局的账号都是多领域的，这样做虽然不算错，但却缺失战略性。如果做抖音多账号矩阵，建议做一个细分领域，如彩妆、母婴或者车品等，几十个账号都做一个领域。

大部分抖音矩阵账号分散在不同领域，这样做有什么缺点呢？产品分布广泛，用人较多，增加管理难度；品类多，账号内容运营精力分散，不容易出爆款热门；对接商品渠道分散，供应链管理混乱；账号类目分散，没有爆款账号，进不了品类热门销售排名榜单，没有影响力。

抖音多账号矩阵做一个细分领域的好处是：一是更集中地培养运营和出镜人员，更容易裂变复制；二是更容易形成账号优势，对供应链有谈判优势；三是更容易形成矩阵效应，占领细分领域排名，更具有品牌效应。

所以说，切割细分领域对一个公司来说更具有战略意义。旗下几十个账号在一起一定会在一个细分领域内有一定的带货能力。做到第一才有品牌效应，做到第一才有供应链优势。集中深挖一点，才更具有战略价值。千万不要多点布局，分散撒网，抱着投机心态，想撒大网捞大鱼，是不可取的。

切割领域能够带来许多好处，那么如何进行切割定位，快速做出一个占领细分品类的抖音号呢？可以从品类切割的角度来进行。

举个例子，李佳琦被称作"口红一哥"，如果想要做口红就很难超越李佳琦，所以要从其他方向进行切割。例如，定位于适合校园的口红、高性价比口红、淘大牌口红、情侣口红和诱惑人的口红等。通过品类切割的理念，从口红品类当中切割出一个细分的内容，专注地做这类的商品，从而实现弯道超车，创造出一个新的品类，并做到这个新品类抖音带货销量的前列。

对一个细分市场进行布局，当你占领了一个细分品类的时候，自然就会有很高的知名度。这就是一个快速占位、快速突破的非常好的抖音带货布局方法。总之一句话：宁做鸡头，不做凤尾。在小品类或细分品类中，快速地占领抖音粉丝心目中的第一位。

前文提到的 5 维定位法，每一个维度的定位当中都可以用细分切割的方式，切割出一个细分领域。

1.2.2　万能定位公式

很多人做抖音最大的困惑是不知道如何定位，如何去做内容。下面给大家总结一个能够解决抖音任意领域定位问题的万能公式，这个公式就是：产品＋目标用户画像＋内容化呈现＝精准涨粉。

第1点是产品。产品是精准变现的基础，没有产品，就没办法在抖音上形成一个变现的闭环。所有的内容都要以产品为中心，从产品出发倒推内容。产品决定了你应该面对哪些用户。

第2点就是目标用户画像，围绕产品来作目标用户画像。比如，做护肤品的目标用户是谁，做小学教育的目标用户应该是多大年龄的家长，做农业机械的应该面对什么样的人群。为什么要说目标用户画像？就是让你明白，自己到底是面对终端的顾客做零售，还是面对那些中间商做批发。目标用户有所变化，内容肯定要跟着变化。

第3个就是内容化的呈现。什么叫做内容化的呈现？通过产品，找到了目标用户，给目标用户进行了画像，了解目标用户喜欢什么需要什么，以及产品能给目标用户带来什么样的好处，再结合生活场景充分表达出来产品优势，这就是内容化的呈现。

就拿灯饰来说，如果拍的各种灯都没有任何的作用，就无法吸引精准粉丝。你要把它内容化，假如你是做垂直的灯饰和家装相关的一些内容，发了一条"客厅里最不应该装什么灯？"然后就写了客厅里最不应该装的就是水晶灯，因为在擦洗的过程中会累折腰等缺点。长期输出这样的内容和家装进行结合，并与家里的摆放进行结合，这才叫内容化。

要把你的产品和目标用户整合到一起，形成内容。比如正装修的房子，一定需要挑选灯，你要知道这部分目标用户需要什么样的内容。你就讲解什么样的场合应该用什么样的灯和怎么避开家装的一些坑。比如，灯带是客厅中最不应该装的，因为客厅不可能装成KTV。还有书房应如何选择灯饰？将灯具的一些养护知识、用电的知识和家居装饰结合，这样才能形成一个容易被关注的内容体系。

抖音短视频也好，微视也好，还有西瓜视频等平台，都是以内容为主的，所以用好了这个公式，就能够吸引精准的粉丝，实现快速涨粉。

1.2.3　单条内容的定位

我们经常说，做任何事情都要有目标，因为有了目标，才会知道运营方向。比如，你做一个抖音账号可能会考虑以下这些内容。

（1）你可能想成为网红，未来接广告，甚至走向综艺、影视的发展方向等。

（2）你是个体，还是企业？你想怎样在抖音上进行品牌宣传，或者是引流到其他平台？

（3）怎样用抖音直接卖货赚钱？

这些内容和你做这个账号的目标和定位有关，那么单个的视频内容有定位吗？答案是有，而且必须要有。

每个抖音短视频都有目标，具体如下。

（1）上热门提高播放量。

（2）完善人设。

（3）维护账号的垂直内容。

（4）涨粉，提高播放关注比。

（5）卖货，提高转化率。

没有目标的内容是为什么服务的？哪怕是为了凑数发一条，也要有目的存在。所以，虽然很多人学会了视频拍摄和剪辑，但是 90% 的人还没有学会抖音账号的运营和粉丝运营，这样就浪费了大量的机会。

只有清楚每一全视频的运营目标，才能做好有针对性的内容，才能有的放矢，这样的账号才能快速地实现目标。

1.2.4　抖音定位案例展示

你还在为母婴店没有顾客而发愁吗？

你还在为儿童玩具店卖不出玩具而发愁吗？

你还在为开的幼儿教育机构顾客越来越少而发愁吗？

只要通过抖音做好精准定位，这些问题就会迎刃而解。下面，就以亲子领域为例，介绍精准定位的问题。

在抖音上做亲子领域的账号非常多，怎么定位自己的短视频呢？为什么发了那么多视频，没有几个人关注呢？亲子领域如何定位才能脱颖而出？对于定位问题应该考虑两点：第一点是一定要细分、再细分领域，这样你的粉丝才能精准、再精准。你越细分，就越能得到更多的流量推荐。第二点是在细分的基础上分出一个垂直的市场。

所以说，一定要在一个大领域当中切分出自己的一个小领域，而且还和你的产品越来越近。

第 2 章

19 条黄金法则：建号养号展现带货标签

学前提示

对于抖音电商运营者来说，要想提高自身的卖货能力，就得在建号、养号的过程中展现带货的标签，让抖音用户一看就知道你是做什么的。

本章，笔者将结合建号和养号 19 条黄金法则，详细解读如何在抖音号中更好地展现带货标签。

要点展示

- 5 个设置，创建个性账号
- 9 个动作，抖音加权必做
- 5 种行为，抖音降权必躲

2.1　5 个设置，创建个性化账号

一个优质的、有个性的抖音号由哪些部分组成呢？笔者认为主要包括名字、简介、头像、资料和头图。图 2-1 所示为一个学员的抖音号，图片中最上面的部分就是头图；头像部分放置的是他的个人形象照；账号的名字叫王桥通；简介部分写的是"请记得：早起……找我"；而简介下方是他的个人资料。

图 2-1　学员抖音号展示

那么，抖音号的这 5 项内容要如何来进行设置呢？这一节，笔者就对这个问题进行重点解答。

2.1.1　名字

给抖音号取名字的第 1 个要求就是要起一个包含个人 IP 的名字，就像一个学员，抖音账号名称叫"刘大禹"，这就是含有个人 IP 的名字。因为做抖音，打造 IP 是首要目的。

第 2 个要求是要起一个包含细分领域、垂直定位的名字。比如，你要做减肥类内容，而且是关于食疗减肥的，你完全可以起个"减肥食堂"的名字。这个名字就进行了领域的细分。

第 3 个要求是起一个比较有特点的名字。有特点的名字特别多，重点是要跟自身的特点相契合。

第 4 个要求是如果你是实体店或者企业，你可以起一个具有地域特征的名字，如"成都吃客"，很多成都本地的人看到这个名字就会关注。

第 5 个要求是起一个有趣、有料、既好记又好搜的名字。比如有一个学员的名字叫"培泥老师趣解数学"，这个名字很好，既含有个人 IP，又包含了定位方向，还有细分领域：趣解数学。

大家在实操的过程中要注意什么呢？第 1 个要点是不要起违反规定的名字，如抖音禁止的词汇，用这些词汇起名字是无法通过的。

第 2 个要点是起一个好搜的名字。首先，名字中不要有生僻字。其次，不要用一些符号加字母加表情的名字，这种名字是很难被搜索到的。

第 3 个要点是名字要有唯一性。不要搜了一个名字，下面有很多人都叫这个名字，这样就很难从中区分并找到你了。

讲到这里，有的人可能想要改一下抖音名字，那要怎么来操作呢？下面就简单地介绍一下修改名字的操作步骤。

步骤 01　打开抖音 App，进入"我"界面，点击界面中的"编辑资料"按钮，如图 2-2 所示。

步骤 02　进入"编辑个人资料"界面，选择"名字"选项，如图 2-3 所示。

图 2-2　点击"编辑资料"按钮　　　图 2-3　选择"名字"选项

步骤 03　进入"修改名字"界面，在"我的名字"文本框中输入新的名字，点击"保存"按钮，如图 2-4 所示。操作完成后，返回"我"界面，只要审核通过就可以看到修改后的名字了。

图 2-4　"修改名字"界面

2.1.2　简介

简介的主要作用是表明身份，建立与粉丝之间的联系，介绍账号的主要内容。如图 2-5 所示"碎嘴许美达"的简介就传达了很多信息，有运营者的生活态度，有自身新书的宣传，也有直播时间及直播内容等。

图 2-5　抖音账号简介案例

很多人写简介最大的误区就是想立刻建立连接或者进行营销。有一部分运营者在写签名的时候，喜欢这样来写简介："我是卖什么的、我是做什么的、我能给你带来什么效果"。其实开始的时候，你没有多少粉丝，应该多阐释一些有趣、有料的事情，让大家感觉你这个人很有意思，然后再去改签名。

笔者并不建议在最开始的时候就留下联系方式，因为这个时候根本没有人去加你。当你火起来、有粉丝咨询你的时候，再留下联系方式也不迟。

另外，在写简介时一定要遵守规范，因为简介中若有错别字是能被识别出来的，这样会导致你的简介审核不通过。

修改简介的具体操作步骤和修改名字相似，只要在图 2-3 所示的"编辑个人资料"界面中选择"简介"选项，并进行修改就可以了。

2.1.3　头像

抖音账号的头像也需要有特点，必须展现自己最美的一面，或者展现企业的良好形象。在抖音"我"界面中，可以通过如下步骤修改头像。

步骤 01　进入抖音 App 的"我"界面，点击界面中的头像，如图 2-6 所示。

步骤 02　进入图 2-7 所示的头像展示界面，点击下方的"更换"按钮。

步骤 03　弹出如图 2-8 所示的选择头像修改方式对话框，用户可以通过"拍一张"或"相册选择"的方式修改头像。这里以"相册选择"为例进行说明。

步骤 04　执行操作后，从相册中选择需要作为头像的图片，如图 2-9 所示。

图 2-6　点击头像

图 2-7　点击"更换"按钮

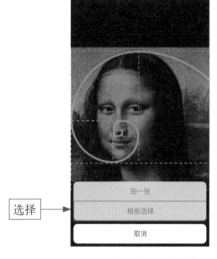

图 2-8　选择"相册选择"选项

图 2-9　选择需要作为头像的图片

步骤 ⑤ 进入"裁剪"界面，对图片进行裁剪后，点击下方的"确定"按钮，如图 2-10 所示。

步骤 ⑥ 操作完成后，返回"我"界面，即可看到修改后的头像，如图 2-11 所示。

在设置抖音头像时有 3 个基本注意事项，具体如下。

（1）头像一定要清晰。

（2）个人账号一般使用肖像作为头像。

（3）企业账号可以使用代表人物形象作为头像，或者使用公司名称、logo 等。

图 2-10　点击"确定"按钮

图 2-11　修改后的头像

2.1.4　资料

有人问："老师，资料里的毕业学校，该怎么填？"抖音中填写的毕业学校应该跟你现在要做的领域相关，也就是说，如果你的毕业学校跟你现在要做的领域无关，最好是不填。其他的资料，如性别、生日和地区，不再细讲，这些内容都很好填。需要注意的是，这些内容一定要填写，因为资料完整会提高账号的权重。

和修改名字相同，只要进入"编辑个人资料"界面，选择相应的内容，便可以完成相关资料的修改，这里就不再赘述。

2.1.5　头图

有的人认为头图可有可无，笔者认为这个想法是错误的。先来看一个只用抖音默认头图的抖音号案例，如图 2-12 所示。

图 2-12　只用抖音默认头图的抖音号

看到这个抖音号的头图之后有什么感觉？是不是觉得这样很不好看，而且总觉得少了些什么？

其实，随便换一张好看一点的图片，也比用抖音的默认图片好。而且，抖音号头图所在的位置也是一个很好的宣传推广场所。

可以通过在头图位置插入带有引导性的话语，来吸引抖音用户的关注，如图 2-13 所示。

图 2-13　通过头图引导关注

除此之外，还可以利用头图展示抖音号的业务范围，从而达到吸引顾客的目的。

那么，如何更换头图呢？下面就介绍一下具体的操作步骤。

步骤 01　进入抖音 App 的"我"界面，点击界面上方头图所在的位置，如图 2-14 所示。

步骤 02　进入如图 2-15 所示的头图展示界面，点击下方的"更换"按钮。

图 2-14　点击头图所在的位置

图 2-15　点击"更换"按钮

步骤 03 弹出如图 2-16 所示的选择头图修改方式对话框，用户可以通过"拍一张"或"相册选择"的方式修改头图。这里以"相册选择"为例进行说明。

步骤 04 选择"相册选择"选项之后，从相册中选择需要作为头图的图片，如图 2-17 所示。

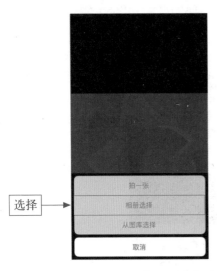

图 2-16 选择"相册选择"选项

图 2-17 选择图片

步骤 05 进入如图 2-18 所示的"裁剪"界面，在该界面中可以裁剪头图并预览头图展示效果。裁剪完成后，点击下方的"确定"按钮。

步骤 06 操作完成后返回"我"界面，如果头图完成了更换，就说明头图修改成功了，如图 2-19 所示。

图 2-18 "裁剪"界面

图 2-19 头图修改成功

　　在头图修改的过程中，若要获得更好的展示效果，就需要适当地对图片做一些修改。比如，用户在操作时没有太注重图片的裁剪，导致最后显示出来的效果，有一些文字被遮挡了，没有显示出来。这时，我们就可以调整图片的位置和大小，使上面的内容可以完全呈现出来；或者也可以直接调整文字的位置和大小。

2.2　9 个动作，抖音加权必做

　　账号权重是指平台内的某一项数值，这个数值会影响账号及其作品的曝光、初始流量等。而加权则是指增加账号权重，增加账号权重可以使账号或作品获得更高的初始推荐，从而获得更多的流量，增加其上热门的机会。

　　除了加权之外，还有降权，它的主要意思是降低账号权重。如果运营者做出一些违反平台规则的行为，就可能会受到降权的处罚，如降低账号及作品的曝光等。

　　所以，为了提高抖音号的权重，在完成建号之后，可以通过下面 9 个动作来进行加权。

2.2.1　动作 1：用流量登录几次

　　第 1 个抖音号加权动作是用流量登录几次。大家记住了，这个动作必须要做。你手机如果使用 Wi-Fi（无线网络通信技术）的话，那么在养号阶段，适当地用流量刷几次抖音就可以了。比如，用流量刷刷首页，看看内容之类的。

2.2.2　动作 2：刷首页推荐同领域内容

　　第 2 个抖音号加权动作是刷半个小时的首页推荐，找到同领域的内容。有的人说："看不见同领域的内容怎么办？"假如你做的是非常冷门的领域，这个领域不一定能得到首页推荐，那么你可以搜索这个领域的关键词。

　　比如，做家纺的，可以搜家纺、被罩、窗帘、被单、枕头等关键词，如图 2-20 所示。通过搜关键词，找到相关的内容，然后点击进去观看就可以了。

2.2.3　动作 3：翻一翻抖音的热搜榜单

　　第 3 个抖音号加权的动作是翻一翻抖音的热搜榜单。在抖音的搜索界面中有一个"猜你想搜"板块，该板块会显示一些抖音用户近期经常搜索的内容，如图 2-21 所示。翻看该内容，可以了解现在抖音用户感兴趣的内容主要有哪些，然后通过将这些内容和自身定位结合，打造更能吸引粉丝的抖音视频。

2.2.4　动作 4：让同城推荐记住你的位置和领域

　　第 4 个抖音号加权的动作是刷同城推荐。哪怕同城上没有同领域的内容，你也要刷一刷、看一看。这能够让系统记住你真实的位置，避免误判你是一个虚拟机器人。因为机器人的操作，系统是严格打击的。

图 2-20 搜索关键词

图 2-21 "猜你想搜"板块

进入抖音 App 之后，可以看到界面上方有一些板块，显示了具体城市名称的板块就是同城板块，如点击"长沙"，便可以进入如图 2-22 所示的同城界面。

同城界面的上方通常都会出现同城直播，向上滑动页面，还可以看到许多同城的抖音短视频。另外，系统会根据你所在的位置自动进行定位。如果定位不正确，或者需要将地点设置为其他城市，可以点击"切换"按钮进行选择，让系统记住你的位置。

2.2.5 动作 5：看一看同领域的直播内容

第 5 个抖音号加权的动作是看同领域的直播。这个可以做，也可以不做。完成这个动作很简单，直接进入抖音直播广场查找即可。其实，做这个动作，不只是能加权，还能让你通过他人的直播，学习到一些吸引抖音用户的经验和技巧，从而为你的卖货或者带货助力。

点击

图 2-22　同城界面

2.2.6　动作 6：维持抖音的正常使用频率

第 6 个抖音号加权的动作是要维持抖音的正常使用频率。这个一定要记住，一个正常的人看抖音，不会一天看 12 个小时，之后就再也不看了。如果这样做，你的账号就会被系统判定为非正常运营的账号。

2.2.7　动作 7：不要频繁登录和退出多个账号

第 7 个抖音号加权的动作是不要频繁地登录和退出抖音账号。这个很好理解，一般来说，大多数人既然打开了抖音就会使用一段时间，即便是不用了，退出之后也不会马上又登录。因此如果你频繁地登录、退出账号，系统就会判定你的抖音号运营异常。

另外，需要说明的是，在抖音号的运营过程中，最好遵循 1 机 1 卡 1 号的原则。也就是说，1 个手机最好只用 1 张卡，然后在这张卡上，最好只注册和使用 1 个抖音号。

2.2.8　动作 8：点击查看抖音识别的好友

第 8 个抖音号加权的动作是点击查看抖音识别的好友。抖音系统可能在你注册账号之后，根据你抖音号的关联账号识别到几个好友。比如，用户是用手机号注册的抖音号，所以用户我进入"消息"界面时，就会看到"推荐关注"板块中有一些根据手机通讯录推荐的好友，如图 2-23 所示。

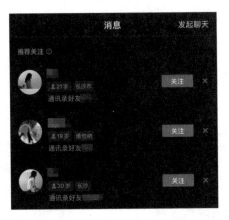

图 2-23　"推荐关注"板块

这些被系统识别出来的好友，你可以通过点击"关注"按钮进行关注，然后吸引他们成为你的粉丝。

2.2.9　动作 9：持续稳定地登录抖音账号

第 9 个抖音号加权的动作是持续稳定地登录抖音号。需要注意的是，要用正常的频率去刷抖音内容，并且在养号的过程中，一定要看完同领域的一个视频之后再去点赞和评论，千万不要一看到同领域的内容就点赞。如果你总是还没有看完就去点赞和评论，系统可能会认为该账号是用机器人在后台操作，这样有可能面临降权，或者是被封号的处罚，这就得不偿失了。

那么养号要养到什么时候，要养几天？这里没有几天的概念，几天都可以。为什么这么说呢？如果你运营的是一个很广泛的领域，当你刷抖音首页的时候，一条条视频向下滑动，大概有 50% 都是同领域的内容，那么就可以结束养号了。

有的人运营的领域特别偏，可能整个抖音上也没有几个人发同领域的内容。那你就把这几个人发的内容找到，看一看，等抖音首页有 20% ～ 30% 是同领域的内容时，就可以结束养号了。

2.3　5 种行为，抖音降权必躲

在抖音运营的过程中，有一些行为可能会受到降权的处罚。因此，在运营过程中，特别是养号期间，一定要尽可能地避免这些行为。本节就介绍一下抖音降权必躲的 5 种行为。

2.3.1 行为 1: 频繁更改账号信息

第 1 个抖音号降权必躲的行为是频繁地更改账号信息。这里所说的频繁地更改账号信息，不是指注册账号的时候。账号注册期间，你只要按照要求修改相关信息就可以了，这是不会影响账号权重的。

但是，如果你开始养号了，不要频繁地去修改抖音资料。因为你修改之后，是需要进行审核的，所以频繁修改会增加抖音相关人员的工作量，如果是人工审核的，那么就会对你的账号留下不好的印象。而且频繁地修改，也有可能会被系统判定为运营异常。而抖音号一旦被判定为运营异常，就很可能被降权。

2.3.2 行为 2: 同一 Wi-Fi 登录多个账号

第 2 个抖音号降权必躲的行为是同一 Wi-Fi 登录多个账号。当你用同一 Wi-Fi 登录多个账号时，系统就会知道你在同时运营几个抖音号，甚至有可能判定你是在用机器人进行多个抖音号的运营。这样很可能被判定为运营异常，并被降权。所以，一个 Wi-Fi 最好只登录一个抖音号，不要让系统误判了。

2.3.3 行为 3: 养号期间随意地发视频

第 3 个抖音号降权必躲的行为是养号期间随意地发视频。养号期间抖音会重新审视你的抖音号权重，如果此时你随意发一些内容，而且这些内容各项数据都上不去，那么你的抖音号就很有可能会被降权。

2.3.4 行为 4: 同一手机注册多个抖音号

第 4 个抖音号降权必躲的行为是用一个手机或者同一个 IP 批量地注册多个账号。前面讲过，一个手机注册多个账号很可能会被系统判定为运营异常而受到降权处罚。

2.3.5 行为 5: 频繁地重复同一行为

第 5 个抖音号降权必躲的行为是频繁地重复同一行为，如频繁地发评论、点赞。有的人在养号期间给人家评论的时候，为了图省事就一直评论两个字"很好"，若频繁地输入这个词，系统就会把你误判成机器人，而对待机器人运营抖音号这种行为，系统很可能会做出降权处罚。

第 3 章

26 个加热技巧：通过爆款视频引爆销量

学前提示

　　抖音视频的热度对一个账号来说至关重要，热门的视频不仅能让更多抖音用户看到，而且还能帮我们获得更多的粉丝，进而获得更好的变现效果。

　　那么，如何让一条视频上热门，成为爆款视频，从而引爆销量呢？本章就重点介绍 26 种视频加热的技巧。

要点展示

- 3 个方面，快速了解抖音流量推荐
- 5 个方面，助推视频轻松上热门
- 5 项内容，只要做好你就能上热门
- 5 种技巧，小白上热门必不可缺
- 8 个方面，助你轻松写出吸睛标题

3.1 3 个方面，快速了解抖音流量推荐

抖音的流量推荐是一条视频能否上热门的关键。本节就来了解抖音流量推荐的相关内容，看看什么样的内容更容易上热门。

3.1.1 短视频推荐之旅

短视频推荐之旅如图 3-1 所示。

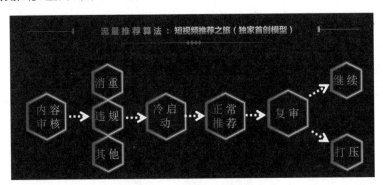

图 3-1 短视频推荐之旅

视频上传后，首先要面对的是内容审核。内容的审核主要包括以下 3 个方面。

第 1 个是消重，也叫去重。去重是什么意思？就是说对于搬运的视频和重复的视频，系统会限流，就是不让你的粉丝看见。抖音为什么要这么做呢？因为如果大家都发同样的内容，会影响整个平台的体验感和满意度。

第 2 个就是违规内容的审核。抖音的社区规范里对于哪些内容是违规的，规定得特别详细，在此就不再赘述。

第 3 个就是其他内容的审核。比如，你拍摄的视频是否清晰、抖动、模糊。大家一定要注意，特别是做视频编辑的，你从别的网站搬运过来的视频不是高清的，即使通过快剪辑等软件重新编辑了一下，然后再上传，视频也是非常模糊的。这种模糊的视频能够获得的流量通常比较有限。

所以，如果你的视频没有违规，而且不是搬运的，就容易通过内容的审核。那么，如果想搬运视频怎么办呢？这里有两点建议。

第一，要去外网搬运，不要在抖音内部搬运，在抖音内部搬运没有任何意义。因为抖音的大数据算法，会将每一条上传的视频记录在数据库中。你上传的任何一个新视频，它都会拿数据库里的内容去比对，只要你的内容和别人的内容相似，就有可能连审核都通不过，即便通过了也可能只有你可见，别人看不见，这样就浪费了时间和精力。

第二，对搬运的视频进行重新剪辑，加上自己的解说和配音。比如，你要介绍一个电影，可以截取其中的一个片段，介绍这个电影讲述了什么，再加上一些其他

的画外音，这样这个视频就变成了你的半原创内容。

内容审核完成之后，进入冷启动阶段。冷启动就是系统给你推荐一部分的流量，这部分的流量到底是多少很难具体计算。系统会根据审核结果来判断内容的质量。如果系统觉得这个视频拍得特别清晰，而且内容特别新颖，在整个大数据库中没有类似的视频，就会多给你一些推荐量。所以，冷启动阶段的流量多少是由系统来决定的。

冷启动之后，再根据点赞、评论、转发和完播率这 4 个维度的反馈，对你的视频进行正常的推荐。如果你的视频推荐流量非常高，反馈非常好，系统觉得这是个优质的视频，它还会进行复审，也就是人工审核。

人工审核只有两个结果：一是确实内容很好，继续推荐视频；另一个是觉得视频里有引起观众不适的内容，对视频进行限流。

3.1.2　5 个维度快速上热门

有很多粉丝问笔者，刷 1000 个死粉可不可以？学完这一小节你就明白到底可不可以了。

一条视频被审核之后，通常会推荐给三部分人：一是你定位附近的人；二是已经关注你的粉丝；三是和你内容标签匹配的人。

标签匹配是什么意思？就是前面所讲到的定位，为什么头几条发的内容一定要精准呢？就是因为一定要根据定位发垂直的内容，不能乱发。做减肥的，就应该发减肥的内容，不要去发与这个定位无关的内容。

初始推荐的这三部分人，对这条视频的意义非常重大，为什么呢？因为看到这条视频的人，他们是否对这条视频进行评论、点赞、转发和完播，就决定了系统是否给你推荐下一个流量池。

抖音推荐流量池中的流量会越来越精准。而流量的来源是你的内容，做什么样的内容，就能吸引什么样精准的粉丝。

回到前面的问题：刷 1000 个死粉可不可以？不可以，为什么呢？因为系统首先会将你的视频推荐给定位附近的人、已关注的人和标签匹配的人，而这 1000 个死粉是已关注的人，所以他们的反馈会决定你获得的流量推荐。但是，因为这 1000 个是死粉，他们可能对你的视频没有任何反馈，所以系统会据此认为你的粉丝对你发布的这条视频不感兴趣，视频获得的推荐流量可能会大打折扣。

因此，千万不要为了提高粉丝量而去刷粉。假如现在有 10 万粉丝了，再去刷一两千粉，对你意义也不大。假如你真实的粉丝就 30 个，剩下全是刷的，你认为这些粉丝能够帮助你吗？显然是不可能的。所以，大家千万不要随意去刷粉。

本小节讲的是快速上热门的 5 个维度，这 5 个维度指的是评论、点赞、转发、完播和打开率。前面 4 个维度已经介绍了，那为什么要再加上一个打开率呢？这主要是因为视频如果封面做得不好，或者标题写得不好，那么抖音用户可能就不会打

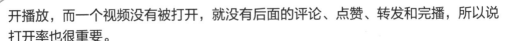

开播放，而一个视频没有被打开，就没有后面的评论、点赞、转发和完播，所以说打开率也很重要。

怎样写标题？怎样做封面？怎样剪辑？怎样配音乐？我们的内容怎样引起别人的评论？怎样才能获得别人的点赞？怎样引起别人的转发？怎样让别人播放完这条视频？我们做的所有工作，都是从提高这 5 个维度的数据出发的。只有这 5 个维度的数据提高了，才有上热门的机会。只有你上热门了，才有更多人去咨询你，这样我们才能完成做抖音的目标。

3.1.3　抖音为什么要推荐你

系统为什么会推荐你的视频？其中有一点很重要，就是你发布的视频体现了正能量和核心价值观。为什么现在抖音当中有很多视频会被限流，甚至审核都通不过呢？很可能就是因为视频内容三观不正。

有一个学员，一开始是一味地去做搞笑内容，有的视频甚至有些无节操。所以，他运营了一段时间之后，粉丝量还是很少。但是，现在他的粉丝却超过了 30 万。为什么会有这么大的转变呢？其中，很关键的一点就是笔者在看了他的视频之后，帮他进行了一些调整。比如，他和孩子一起做搞笑内容，笔者便让他将亲子间的正确相处之道融入视频中。所以，此时打造的内容便成了有正确三观的视频，当系统看到视频之后，也会因为其中的正能量而将视频推荐给更多用户。这样调整之后，该账号快速地获得了大量粉丝，其中许多视频都成功地上了热门。而且，这个账号的粉丝增加之后，也开始变现了，几天时间就通过卖童装变现了两万元。

这个账号为什么会发生这么大的变化？究其根本就是因为它现在发布的内容三观都是正的，系统对于其中的观点都是支持的。所以，系统会将该账号发布的视频推荐给更多抖音用户。这样一来，无论是要上热门，还是要实现快速变现，就都变得非常简单了。

3.2　5 个方面，助推视频轻松上热门

一条视频能否获得更多流量，进而上热门，有 5 个方面的数据非常重要。本节就从这 5 个方面进行具体分析，帮助大家更轻松地让视频上热门。

3.2.1　获得更多点赞的 4 个角度

如何使视频获得更高的点赞率呢？可以从 4 个角度进行思考。

第 1 个是内容要有创意。大部分视频的创意体现在：视频的剪辑有创意、使用的特效有创意、故事的情节有创意等。什么叫情节有创意呢？就是情节发生反转。如果你的视频非常有创意，就能够引起粉丝们大量点赞。

第 2 个是让抖音用户害怕失去，即害怕失去相关的利益。比如，现在的女孩子

刷抖音时，看到自己喜欢的东西，如果当时没时间去买，她就会给视频先点个赞，方便之后能快速找到这条视频。因为害怕失去，所以会毫不犹豫地给你的视频点赞。试想一下，如果一个内容有几百个人给你点赞，那么这个内容很容易上个小热门。

美食视频容易被点赞的原因也是如此，因为不能保证看到该视频时刚好要出去买菜做饭。所以，点个赞，明天或某一天有空的时候，买好相关食材后，就能照着这个视频去做菜了。

如图 3-2 所示为抖音用户害怕失去的短视频示例。对于很多想要学习做辣椒炒肉，但又暂时不方便操作的人来说，就会害怕失去这条视频。所以，很多人看完之后直接选择点赞做好留存。

第 3 个是引起共鸣。引起共鸣就是你在视频中营造氛围，从而感染到看到这条视频的抖音用户。比如，大部分人减肥不成功的一个重要原因都是坚持不住。如果你从坚持不住这个角度去剖析减肥，哪怕你是说段子，哪怕你是用犀利、讽刺的语言，抖音用户看到之后都会觉得有同感，这就很容易引起抖音用户的共鸣。在这种共鸣之下，抖音用户就会觉得你的视频很值得赞，然后给视频点赞。

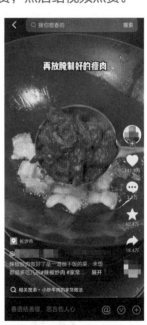

图 3-2 抖音用户害怕失去的短视频示例

引起共鸣有两种方法：一是让抖音用户触景生情。情感类的视频是最容易获得点赞的，因为能够触景生情，能够勾起别人的回忆，所以这种特别容易引起共鸣。二是直击抖音用户心灵，让抖音用户在觉得扎心的同时，觉得有道理。

第 4 个是价值认可。价值认可就是让抖音用户看后就觉得你的视频内容是非常有价值的。这个价值不是说心灵鸡汤，你灌再多的心灵鸡汤，对许多抖音用户来说可能也没有多少价值。这个价值不只是有道理，还要和抖音用户产生共鸣，引起抖音用户的深思。

对于讲知识性内容的账号，你提供的内容要是干货就有价值。对于讲生活小窍门的账号，这个小窍门要对抖音用户有帮助，他们才会觉得是有价值的。

如图3-3所示为一条传授清理厨房瓷砖油污方法的视频，抖音用户看完之后，照着方法就把厨房瓷砖清理干净了，那他们就会觉得这个内容特别有价值。

所以，你在做内容的时候要考虑这4个角度。做完一条视频，你就从这4个角度进行比对，看这个视频是否具备创意？能不能让抖音用户害怕失去？能不能引起共鸣？能不能获得价值认可？如果这4个角度都做好了，你的视频点赞数一定不会少。

3.2.2 获得更多评论的4个角度

如何来获得更多的评论？内容的策划可以从以下4个角度去考虑。

第1个角度是提供槽点。你的视频内容能不能引起吐槽，这个很重要。如果视频能够引起吐槽，那么视频就会获得更多的流量。

图3-3　能够获得价值认可的视频

前一段时间我们有一个学员，她是一个产后带小孩的宝妈，她就发了一条引起大量吐槽的视频，所以这条视频也给她带来了几万的粉丝。她规划的引起吐槽的内容，就是自己和老人之间在带孩子方面的一些矛盾和摩擦。这条内容大概写的是对那些不能帮忙带孩子，每次来了就指指点点的老人的抨击。视频发完之后还在下面评论了一条：自己带孩子的宝妈来这里集合。所以，在下面就引起了很多人的争论，也就是引起了大量吐槽。

　　什么是槽点？怎么样引起槽点？很简单的一点就是你要站好队。比如，你是做减肥的内容，那你是赞同节食减肥，还是不赞同节食减肥？你的内容要按照自己的站队去规划，你站到一个队伍上，那么另一个队伍来吐槽的人就非常多。观点也可以站队。比如，最近发生了哪些事情，你通过站队去蹭一个热点的话题，也能引起很多吐槽。

　　如图3-4所示为展现某地结婚当天，女方妈妈对着婚车泼水的习俗的一个视频。虽然该习俗的原意是嫁出去的女儿就像泼出去的水，收不回来了，象征着这一对新人永远在一起，不离不弃。但是，这个习俗也有一个槽点，那就是会让嫁出去的女孩觉得特别心酸，感觉嫁出去之后就不让自己回娘家了似的。很多人都表示不喜欢这种做法。于是，该视频发布之后引来了大量的评论。

图 3-4　用槽点吸引评论的视频

　　第2个角度是满足需求。你的视频内容能不能满足抖音用户的某种需求，这个非常重要。如果你的内容不能满足别人的需求，那么一切都是瞎忙活。

　　如图3-5所示为通过满足需求吸引评论的视频示例。视频中的主人公最开始的时候就是卖蹦床，每天在蹦床上做很多的减肥动作。这其实满足了很多在家里没有锻炼器械的人的需求，因为这种蹦床只要有一平方米的地方就可以放置好。所以，看到这条视频之后，就有一些人发评论来咨询情况。

　　第3个角度是解决痛点。你的内容能不能解决谁的什么痛点？如果你能够回答出这一问题，解决了某一部分人群的什么痛点，那么一定也能引起很多人的评论。这样你的内容就具有了针对性，你的内容对于一部分抖音用户来说就是有价值的。

同时，这部分用户如果还想知道更多，就会在评论中提问。

图 3-5　通过满足需求吸引评论的视频示例

如图 3-6 所示为通过解决痛点吸引评论的视频示例。该视频解决了做包子发面的麻烦，且痛点是发出来的面效果不好的。因此，许多有该痛点的抖音用户看后非常感兴趣，并纷纷进行评论。

图 3-6　通过解决痛点吸引评论的视频示例

第 4 个角度是提高参与度。抖音用户的参与度对于一条视频来说非常关键。因为随着抖音用户参与度的提高，评论等各项数据也将随之而提高。那么，如何让抖音用户参与进来呢？其中的一种方法就是通过解决某个痛点，让抖音用户想要了解更详细的信息。

比如，在看到关于服装搭配的视频后，抖音用户可能会问这款服装 160 斤的人可不可以穿？上班期间可不可以穿？如果你能够让抖音用户在评论区提出一些问题，就说明抖音用户对这条视频的内容比较感兴趣、比较愿意参与评论的。

除了解决痛点之外，还有一种提高参与度的方法，那就是通过文案的配合，让抖音用户主动进行评论。比如，在文案上写"除了视频中的搭配方法外，其实还有一种万能的搭配技巧，你知道是什么吗？"

3.2.3　获得更多转发的 4 个角度

前面讲了增加点赞和评论的方法，那么怎么获得更多转发呢？增加转发量也有 4 个角度，包括提供谈资、帮助表达、促进比较和提升形象，下面进行具体分析。

第 1 个角度是提供谈资。什么叫做提供谈资？提供谈资就是抖音用户在看了你的视频之后，愿意将你的视频作为一种认同的观点分享出去。

如图 3-7 所示为通过提供谈资增加转发的视频示例。画面中，女生向男生求婚成功了。这个视频无论是对"有情人终成眷属"，还是对"女追男，隔层纱"都是一种很好的说明。所以，当谈到这两个话题时，用户可以转发这一条视频作为自己的谈资。

图 3-7　通过提供谈资增加转发的视频示例

第 2 个角度是帮助表达。帮助表达很好理解，就是抖音用户可以借助你发的视频，将自己的心声表达出来。如图 3-8 所示为一则关于爱情感悟的视频。爱情不是一个人的热情，双向奔赴才有意义，不要一味地让对方付出。此时，用户便可以通过转发这条视频来表达自己的想法。

图 3-8　通过帮助表达增加转发的视频示例

　　第 3 个角度是促进比较。为什么叫促进比较？就是抖音用户在看到一条抖音视频之后，如果觉得视频中的某人的某种做法与自己身边的某个人或某些人有一些差距，就会通过转发该视频，让接收视频的对象在对比之后看到差距。如图 3-9 所示为通过促进对比增加转发的视频示例。视频中，男孩子在为女朋友织围巾。当处于热恋中的女性在看到这条视频之后，就可能会将这条视频转发给自己的男朋友，甚至会对自己的男朋友说："你看看别人家的男朋友！"

图 3-9　通过促进对比增加转发的视频示例

第 4 个角度是提升形象。有的抖音用户想让自己的形象更高大一些，所以在看到一些高格调的内容时，这部分人很可能会进行转发，甚至还会将视频下载下来发到朋友圈里。这样做就是在表达他对视频中的内容有认同感，而通过转发不仅能让朋友们看到他高格调的一面，还能借此找到同类人。比如，有部分抖音用户想要塑造自己爱读书的形象，就会在看到某条解读某书的视频时选择转发。

3.2.4 获得更多关注的 4 个角度

在抖音中，抖音用户关注你的账号之后，就会自动成为账号的粉丝。而成为账号粉丝之后，该账号发布的视频会优先进行推送。因此，通常来说，一个账号的粉丝越多，该账号发布的视频就越容易上热门。那么，我们如何通过发布的视频获得更多关注呢？在这里，笔者给大家提供 4 个思考角度。

第 1 个角度是内容要高度垂直。只有这样，抖音用户看完之后才会因为你的专业性进行关注。有的人说："我乱发的视频，但是也上了热门。我有一条视频有十几万的播放，但却没有太多人关注我。"为什么没有人关注你呢？因为别人看到你这一条内容觉得很棒，在给你点赞之后，可能会去看你发布的其他视频，结果他看到你发的其他内容感觉乱七八糟的，那他就会觉得你不值得关注。

如图 3-10 所示为通过高度垂直的内容增加关注的视频示例。视频中的主人公是我们一个做减肥内容的学员，她每天做的减肥动作是连续性的。所以，她发布的内容有连续性，并且是高度垂直的。因此，别人想看她下面要做什么动作，就会关注她。

图 3-10　通过高度垂直的内容增加关注的视频示例

第2个角度是展现个人魅力。有个人魅力的人，更容易获得抖音用户的关注，因为你所散发的魅力能够在抖音用户心目中形成鲜明形象，留下难以磨灭的印象。

杜子建就是一个特别有个人魅力的人，许多抖音用户看到他的视频之后，都觉得这才是一个导师应该有的模样。如图3-11所示为杜子建发布的一条关于爱情的视频，其中的一些话被许多抖音用户奉为经典。

第3个角度是打造连续的系列内容。抖音用户一旦对连续的系列内容产生兴趣，就会一直追下去，而为了在第一时间获取相关内容，许多抖音用户都会选择关注对应的抖音号，这和许多人追剧是同一个道理。所以，打造连续的系列内容是增加关注的一种有效方法。当然，要想让抖音用户对连续的系列内容产生兴趣，我们还得在内容上下功夫，从第1条视频就吸引住抖音用户。

比如，某个抖音号发布了连续系列的一条视频。在这条视频中，运营者用黄桃做了黄桃罐头、黄桃果酱和黄桃果干等小吃。许多抖音用户看完这个视频之后，再看标题发现这是连续系列内容中的上篇。他们很想知道用黄桃还能做出什么小吃。因此，为了更及时地查看内容，他们会选择进行关注。

图3-11 通过展现个人魅力增加关注的视频示例

第4个角度是提供对抖音用户有价值的内容。这里的价值涵盖的范围比较广，既包括一些对抖音用户有用处的知识和小技巧，也包括能对抖音用户的情感产生触动的内容。

如图3-12所示为"一禅小和尚"发布的一条视频。对于许多正处于热恋，或者对感情充满期待的人来说，看到这条视频很容易就能产生情感上的触动。所以，许多少男少女看到后都会因为赞同而关注"一禅小和尚"。

图 3-12　通过提供有价值的内容增加关注的视频示例

3.2.5　获得更多完播率的 4 个角度

怎么样让更多抖音用户看完你的视频，获得更高的完播率呢？在这里，可以给大家提供 4 个角度。

第 1 个角度是控制时间。我们在做视频时一定要控制时间，如果你选择了 60 秒，我建议你只放 30 秒到 40 秒之间的内容。因为太长的视频，抖音用户会觉得看着有些累。对于一些比较长的视频，许多抖音用户会选择直接滑过，因为他们会觉得这样的视频太耗时间了。

第 2 个角度是条理清晰。你的视频如果条理、逻辑不清晰，抖音用户看完一段之后，就会觉得乱七八糟，不知道在讲什么。许多抖音用户都会觉得看这样的内容是在浪费时间，自然也就不会看完你的视频。

第 3 个角度是呈现干货。视频的封面和标题一定要向抖音用户呈现干货，这一点对于传授知识类的抖音号来说非常重要。因为许多用户在看视频时都会根据封面和标题判断内容对是否自己有价值。如果你的封面和标题呈现了干货内容，抖音用户就会想看完这条视频，并从中寻找对自己有价值的内容。

如图 3-13 所示为李佳琦的两条关于口红和唇釉的视频。这两条视频的封面和标题直接向抖音用户展示了主要内容。而不会选口红、唇釉，或者需要购买口红、唇釉的抖音用户在看到封面和标题之后就会觉得这是对自己有价值的干货内容。

图 3-13　通过呈现干货增加播放的视频示例

第 4 个角度是优化体验。优化体验就是在第 3 ～ 10 秒的时候埋设期待感，让抖音用户迫不及待地想要看你的内容。如果你在第 3 ～ 10 秒的时候设一个疑问句，而且这个疑问还是用户关心的内容，那么他一定会看完这个视频，因为他也有同样的或者类似的问题要解决。

3.3　5 项内容，只要做好你就能上热门

很多抖音运营者说一条视频要上热门太难了。之所以有这样的感触，很可能是因为他们还没有找到上热门的正确方法。其实，只要做好 5 项内容，就会发现上热门也没有那么难。

3.3.1　账号内容的价值布局吸引粉丝百万

很多人做一个账号，什么样的内容都上传。这种做法很不好。我们在做一个账号时，一定要布局好，我是要让谁看？我的吸引点在哪里？只有做好清晰的布局，并根据布局发布内容，才会让别人关注你，你发的视频才会上热门。

我们要思考我们账号的核心价值是什么？这个账号是做什么的？粉丝为什么要关注你？你的账号到底给粉丝带来了什么？比如，我是做减肥的，那么我分享减肥方法，粉丝关注我就是为了减肥。又比如，我是做短视频讲解的，我去教大家玩抖音，这就是我的核心价值。

在这里我们要明确几个点，你的粉丝人群是谁？你的产品是什么？然后结合到一起以后，你能给大家带来什么？你是做护肤的，那么分享护肤的方法就是你的价

值。在任何一个平台，都是有价值才有成交的。没有价值，别人为什么要买你的东西？所以要先弄清楚你的核心价值是什么。

确定好你的核心价值以后，你要思考单条视频的价值是什么？你是教大家减肥的，就应该针对自己的核心价值对每一条内容进行规划。比如，这一条是教如何瘦胳膊，下一条是教如何减啤酒肚，再下一条是教如何瘦脸。

为什么要这样规划呢？因为你这一条视频推送出去后，用户一定是有感觉的，一定是有收获的。另外，这一条视频跟下一条视频一定是连贯的。所以，抖音用户看了你的 1 个视频，还会想看你第 2 个、第 3 个视频。所以，我们可以看到，抖音上热门的内容都是长期发布的、有价值的内容。

在做单条视频时还需要清楚这条视频是给谁看的？这一条视频，就是给有啤酒肚的人看的；下一条视频，是给大腿胖的人看的；再下一条视频，就是给想练出 6 块腹肌的人看的。你的视频一定要针对具体的人群，去解决他们的痛点。

你的账号核心价值和单条视频的价值都有了，但是可能你把东西都讲完了，别人也不一定想要加你的微信、买你的东西。此时，你就需要设置一个有价值的引诱点，吸引抖音上的粉丝去加你的微信。

引诱点可以分为两种：一种是整体的引诱点，比如我做的是系统学习，我可以对抖音用户说"问题咨询请加微信，我帮你解答"；另一种是单条视频里面的引诱点，比如这条视频我讲的是视频剪辑，那么我可以说"你想知道这是怎么做出来的吗？加我微信告诉你！"

当然，引诱点不是直接说出来的，之后我会教大家如何去设置。你现在要明白你的价值点在哪里？你的内容对别人有价值，你又设置了引诱点，那么别人对于加你的微信号就会有强烈的需求。

账号的布局还有很重要的一点，那就是考虑人设的价值。为什么要这样说？因为在这个平台上有很多人跟你做的是一样的内容，那抖音用户为什么要加你呢？你跟别人的不同之处是什么？为什么会喜欢你？

所以，你要融入一些你个人的特色。比如，同样是教做短视频的，有的人只是开课，听他讲过以后大家不愿意做，也不会做。但是，在我这里，你学习以后，我们还会给你进行详细的辅导，给你提供更多的灵感，帮你解决各种问题。这时候就突出了我们跟其他人的不同，别人肯定会愿意跟着我们去学习。

你以前运营的号，为什么总是不上热门？为什么没有人去加你的微信？这就是没有规划。现在规划好了，你在做内容的时候，你已经明白了粉丝会产生什么样的动力，接下来只要根据规划开始打造内容即可。

3.3.2 借势热点话题创作爆款视频

很多人都说："我想蹭热门，有很多抖音上特别火的内容，我如何去蹭热门呢？"接下来教大家怎样借势热点话题，创作爆款视频。

首先，我们要寻找热点话题。抖音的热搜、微博的热门以及今日头条都可以找到某领域的热点话题。记住里面有一个要点，你蹭的热点一定要是与你的领域相关的。

其次，了解热点的详情。你一定要了解这个热点形成的始末。不然的话，有可能你蹭热点的时候讲得不对，还会失去粉丝。

了解了热点话题的详情之后，接下来要做的是总结热点的关键词。我们要把整个热点里面所有相关的关键词都写下来。比如，电影《流浪地球2》，你可以把吴京、刘德华、李雪健和沙溢这些与电影相关的人的名字作为关键词写下来，创作内容的时候再使用。

因为现在的网络世界，所有的推送都是根据热点的关键词进行匹配。你写了吴京，系统就会推送给喜欢吴京的人。你写刘德华，系统就会推荐给喜欢刘德华的人，或者是最近在关注这件事情的人。

接着是寻找热点匹配的核心。你看到的热点，它可能本身跟你的领域不相关，但是我们可以通过寻找热点话题中跟我的领域相关的内容进行匹配。比如，做护肤的，可以说《流浪地球2》中的某一个女孩子，她通过护肤，现在变得很漂亮了。就像我们在朋友圈看到的，很多人把电视剧中一些跟自己相关的都去截取下来，发朋友圈说哪个女明星四五十多岁了，还保持着十七八岁的容颜，然后告诉你要去护肤，这就是领域的相关点。

明白了领域的相关点之后，我们再来做领域热点的细分，根据热点中匹配的关键词来创作领域爆款内容。这样我们就可以寻找大量的热点，然后找到其中跟我们相关的，接着就细分这个点，每次都讲这些，我们的视频就可以快速地火爆，因为它跟热点相关、跟我们的领域相关，后期卖货变现对我们来说也将变得更容易。

3.3.3 围绕目标用户抓住热门机会

我们要围绕着用户来做内容，因为我们的内容最终是给抖音用户看的。如果抖音用户看不到我们的内容、不喜欢我们的内容，那么我们做这一块内容就没有价值，做出来的视频也不会上热门。

怎么样围绕着目标用户来抓住热门的机会呢？首先，我们要确定用户喜欢的展现方式是什么。用户喜欢情景剧，你肯定就要拍情景剧；用户喜欢脱口秀的形式，你就要用脱口秀的形式；用户喜欢搞笑的，你就要在内容中融入搞笑的元素；用户喜欢美女，你就直接找一个美女来出镜。

如何确定用户喜欢什么样的展现方式呢？我们可以看一看同领域的那些大号，然后点开他的粉丝，这些粉丝的账号上有一个"喜欢"板块，里面会出现这些粉丝喜欢的内容。你会发现大部分人喜欢的是同类型的内容。他喜欢美女，在他的"喜欢"板块里面大部分都是美女；他喜欢搞笑的，在他的"喜欢"板块里面大部分都是搞笑的。所以，你就可以通过粉丝以前喜欢的内容，来找到用户喜欢的展现方式。

其次，了解用户的痛点话题。我们除了要知道用户喜欢什么样的展现方式，还要知道用户喜欢什么样的内容，那怎么样去了解这些呢？在你的热门里，或者是同领域的热门视频里，你会发现有很多人在评论。这些人之所以评论，很多时候是因为他们有需求。比如，我在讲解短视频的运作时，很多人问做减肥领域的账号，如何去运营。下期创造内容的时候，我就明白，讲解减肥领域如何去运营抖音，就是大家所需要的。

在找用户痛点话题的时候，记住一定是找寻问的人多的话题。如果就一个人问，要如何成为网红？你根据这一个人的需求安排内容，关注的人可能并不多，所以一定要找大家都想了解的话题。

明确了用户的痛点话题之后，我们还要知道爆款视频背后的秘密。我们该从哪里知道呢？还是从评论里面找答案。因为评论越多，视频就越火。所以看一下评论的人数，然后再从评论人数多的视频中找亮点。很多时候评论比视频更有意思，所以我们要去多关注一些评论，看看他的视频留下了什么让大家热烈讨论的亮点。你在做内容的时候，就可以通过结合这些亮点，来增加抖音用户的参与度。

最后，围绕着用户做内容，还要掌握好用户的时间。我们既然是围绕着用户做内容，如果你在粉丝都忙的时候发布视频肯定是不行的。所以，你一定要明确你的人群是谁，他们在什么时候最闲。

像我们之前运营的一个账号，在 8 天的时间做到了 40 多万粉丝。这是因为我们前期的时候做了用户调查，发现粉丝中更多的是宝妈。宝妈大部分都是下午孩子睡觉了才有时间刷抖音。我们经过大量的测试之后，发现每天 16：00 发视频最容易火爆。

你的用户主要是什么时候刷抖音？在这里我跟大家推荐一些时间，早上的 7：00、上午的 10：00、下午的 13：00 和 16：00，以及晚上的 19：00、21：00和 22：00，这些时间发布视频的话是比较好的。

你发布的时候也不能因为粉丝 16：00 有时间，就 16：00 发。你可以提前半小时或者是提前一个小时去发，因为要给平台审核和推送的时间。

3.3.4　掌握百万爆款视频素材采集

在采集素材时，我们可以通过 4 种方式，获得大量有用的素材。

第 1 个是各大媒体平台。我们都知道今日头条、搜狐新闻等各大媒体平台上，都有大量的作者在产出内容，而且是每个领域都有的。比如，我们打开今日头条搜索减肥，就会进入减肥频道。在减肥频道里面，我们再去搜索产后如何减肥，这个时候就会看到大量的内容，而且每天都有作者去上传。我们知道几十万的作者每天产出的内容都是非常丰富的。所以，我们只需要知道用户想要什么，然后去搜索相应的内容。

第 2 个是问答平台。不知道大家有没有玩过悟空问答、百度知道或者是知乎这些平台。这些平台上面有很多粉丝，遇到不知道如何解答的问题时，就会去平台上进行提问。这时候，我们是不是就抓住了用户的需求？对于这些人关心的问题，我们不仅要知道用户的需求，更要知道答案是什么？而下面大咖评论的内容，每一条问答底下都可能有上百人的回复量、解答量，你只需要抓住评论量、点赞量最多的那些回答，然后把这些内容进行整合、排版，这些就会变成你的内容。

第3个是同领域的专业网站。我相信每个领域都会有很多的专业网站，我们也可以在里面进行学习、整理。这些专业的内容，都是非常高深的。你整合的就是用户所需要的，而且可以很好地去解答用户的问题，我们不需要担心这个问题解答得对不对，只需要用一种通俗的语言讲述出来。

第4个是领域内的知名人士。在任何一个领域都有专家，这些专家说的话本身就很出名。我们要做的不是截取他们的视频发到网上，而是把他们的内容进行整理。我们可以看知名人士的微博、书籍、公众号，或者是网上流传的他们的演讲视频，把其中的精华部分摘抄下来，然后进行改编，变成自己的内容，再去讲述出来。

如果你拍的是自己，那么你要把自己经历中一些比较突出的点都记录下来。比如，你今天去宁波出差，出差的公司是做什么的？你出差的经历等，要把大量的内容拍成视频，记录下来；或者你是做美食的，把你做的每一道美食都记录下来。这些内容有可能现在用不上，但是以后会用上的。

3.3.5 内容转换，4招改出爆款内容

如何把别人的内容改成自己的内容？在这里要跟大家提个醒，千万不要去搬运。用搬运的内容，不能打造自己的人设和性格，也不能打造自己的IP。这个内容跟你没有关系，你怎能去变现呢？

接下来，我教大家用4招转换内容，改出爆款内容。

第1招是改变展现方式。因为有很多人可能是通过文章的形式发布内容，那我能不能把这条内容改编成视频的形式？别人做的是图文的，我能不能改成情景短剧的？别人是用老公来证明，我能不能用老婆来证明？别人拍的是老婆在家里多受气，我能不能拍老公在家里多受气？改变它的形式，相当于是出了一个全新的版本。

第2招是改变内容口语化。别人讲的是专业的内容，可能更多的人是听不懂，不知道应该如何去理解的。你能不能用一种通俗的话去讲述出来，甚至用家乡话去讲述出来。这个时候你就跟别人不一样，而且你的内容更加接地气，让人听了以后恍然大悟。比如说，人设，用一种通俗的话来说，规划人的性格，就是规划人的形象，规划人的特点，让大家看到的只是表象上的人。就像我们看明星，明星的形象都是规划好的，他们私底下什么样我们是不知道的。

这样改述以后，你会发现你的内容跟别人没有任何关系，你用了一种更通俗的话，所以内容的口语化非常重要。如果想改变话语形式，我建议大家将内容口语化后变成自己的话，如果你有自己的人物性格特点和口语，你就可以融入进去。比如，

讲得很嗨，你就可以用"多余和毛毛姐"的口头禅"好嗨哟"来表达，这样你就融入了自己的特点。

第 3 招是内容的创意化。因为有很多内容，其实我们看之前觉得它挺好，看之后感觉在这个基础上还能融入很多的内容。比如，跟老公吵架，吵过之后出现了什么？很多视频中吵过之后都是让她老公去跪榴莲，那我能不能说让他跪方便面，在跪方便面的时候，让他手里拿着榴莲？这就是在原先的基础上增加了很多创意。

这一点就有很多作用。比如，我们在抖音上看到了一些热门的视频，看到了一些大家在评论区说出来的痛点，说出来的一些有趣的事，这时候就可以把内容进行创意化，拍成我们的内容。火爆的内容可能已经让大家看疲惫了，已经不是多么新鲜了，但是你改过之后，可能突然又新鲜了。这就是你的优势，也是让你更容易上热门的一种手段。

第 4 招是内容的分解。别人讲的一条内容，你能不能围绕着一个点进行详细的分解。比如，一条视频的内容，我用 4 条视频呈现出来。对于改变展现形式，要注意两点：一是改变了什么，把图文改成视频了；二是改成了什么，这个时候我的内容就跟别人不一样了，而且内容更加细化了。

3.4 5 种技巧，小白上热门必不可缺

对于抖音运营小白来说，视频上热门虽然非常关键，但是如果没有找到方法，上热门只是一种奢求。那么，有没有小白也可以快速掌握的上热门的技巧呢？这一节，就给大家介绍 5 种上热门的实用技巧。

3.4.1 有场景有情节更容易上热门

一个学员问我："标题是'30 岁了，亲爱的再不瘦就真的老了'，内容是'我是胖茹，一个即将奔三的老阿姨，立志要瘦到 100 斤，管理身材的第二天体重是 72.55kg。亲爱的！再不瘦就真的要老了，加油做更好的自己'，这样的内容可以作为第二条视频吗？"

可以看得出来，这是在做减肥励志的内容。下面，我们就来聊聊减肥励志类如何打开脑洞。

我们在做抖音视频的时候，一定要击中抖音用户的痛点，其实减肥的痛点有很多，如不能坚持。如果要做励志的内容，就针对很多人不能坚持这个事，呈现别人怎么坚持下来。如果是想引起吐槽，就说坚持不下来的事。

那就得围绕这个主题，思考怎样说才能让别人感觉你说得对，还能吸引别人点赞。记住，如果你想引流吸粉，一定要引导别人给你点赞、评论、转发等。只有这些数据上去了，账号的权重提高了，你的内容才能被更多人看见，从而吸引更多的粉丝。

以上面这个减肥的用户为例，如果你想做这种类型的短视频，那你就不能每天都去称体重、做记录，因为一天之内的体重变化不会太明显，而且还存在客观原因，如心情不好，稍微比平时多吃了一点，那么体重可能就比昨天重了，这个内容发出来就会影响你视频的数据。

所以，最好是三天或者一周称一次，体重变化会更明显，用户就会惊讶你是怎么瘦这么快的。

你也可以去找一些关于减肥的段子，最好是励志的段子。比如，昨天和老公说："我拼命减肥的动力是你"，而他却拍拍我的头说，"多吃一点，别饿着了"。"幸福就是一瞬间的事，你不介意我的体重，我介意，我得拿得出手！"（照样配上你之前拍的几个画面，剪辑在一起）

把这些话当画外音软植入的励志形式，更具有力量。而每天喊着加油，并不一定励志，要以情景去诠释内容。

除了段子，还可以用语录的形式打造内容。例如，其他女人都能瘦下来，为什么你不行？你天生就该当个胖子吗？语录体更接近心灵鸡汤。软植入的励志方式，具有故事性和画面感，所以更容易引起别人的点赞。

3.4.2 想上热门必须做好5个自检

99%运营抖音的人都会有以下疑问。

为什么内容差不多，别人就上了热门？

为什么我讲的也是干货，就是没有人点赞？

为什么，我在视频里都说了，有问题可以留言和互动，但依然没有人互动？

其实，制作出优质的抖音视频内容，还是需要一定技巧的，那么应该把握什么样的原则，才能做出可以上热门的内容呢？在你发布一条内容之前，应该对自己的内容进行自检。下面笔者就给大家具体介绍应该自检哪些内容。

（1）我的内容选题是来源于粉丝的需求，还是来源于我自己的知识。这两个点是不同的，有很多人只做自己擅长的、自己熟练的知识，但是并没有想到，这可能不是粉丝想看的内容。

（2）我的视频里，哪一个点、哪一句话能够引起粉丝点赞呢？如果没有能够引起别人点赞的内容或者是展现形式和拍摄剪辑技巧，那么这一条视频就可以判定为普普通通的一条视频了。这样的一条视频可能只会为你的垂直度服务，但是不会帮助你上热门。

（3）我的故事情节或知识结构当中的哪些部分，又或者我预埋的哪些点，能够引起别人吐槽、引起别人争论，哪怕是引起别人评论呢？如果没有评论点，那么就没有多少互动，而没有互动，系统就不会认为这是一条优质的内容，也不会给你分发更多的流量。

（4）我发的这一条视频，能不能引起别人的转发？这也是一个重要的因素，毕竟转发也能给你带来一定的流量。

（5）我发的一条 30 秒或者 40 秒的内容，在前 10 秒的时候能不能抓住别人的注意力？能不能预设期待感，让别人把视频看完？视频的内容一定要分成前 3 秒、中间十几秒、最后 3 秒这 3 段来进行规划，每一段都要执行不同的目标，比如说最后 3 秒，可能要执行的就是引起别人的互动。

没有运营过抖音的人，对以上的内容可能不理解。但是，要想做一条上热门的内容，视频一定要有节奏感，一定要预设评论、点赞和转发等。这些预设分配到每一秒、每一句话、每一个视频画面上，才能够引发粉丝的点赞、评论和转发，从而使系统给你分发更多的流量。

3.4.3　4 个选题方式收获点赞热门

抖音内容创作当中最难的地方是什么？很多人说就是确定主题。下面，介绍快速确定抖音选题的 4 种方式。

1．做擅长和喜欢的内容

很多人运营抖音误区就是看别人在做什么内容，不论自己喜不喜欢就跑去跟着做。其实，只有自己喜欢的东西才能长久维持下去，如果你自己都不喜欢，那么可能做一段时间就失去兴趣和动力了。

只有不断深挖自己喜欢的领域的独特内容，做出差异化，才能长久立足，成为越来越受人喜爱的抖音内容创作者。就像笔者认识的一个做辅食的宝妈，因为内容都是她喜欢的，所以坚持做了几个月之后，虽然粉丝还不算很多，但账号也具有了一定的带货能力。

2．为粉丝定制内容

抖音的评论区不只是一个特别有意思的地方，也是产出好选题的地方。粉丝在评论里表达的可能就是他们的需求。比如，有的粉丝可能会评论"您这个花在种的时候要注意什么？""我家孩子的这种行为应该如何教育？""老师测评一下最好用的纸尿裤、护肤品呗！"

所以，要根据抖音评论经常去制作一些粉丝想看到的内容，在发布完视频后要和粉丝进行一些深度互动。粉丝不只是想看你的内容，更想获得认同感和存在感，所以回复一些评论内容不仅可以拉近和粉丝的距离，也有助于营造良好的评论氛围和打造个人 IP。

3．做深度和专业度内容

抖音上很多有深度的内容都做得不错，如"老爸评测""牛肉哥"等。现在抖音上同质化内容太多了，要想区别于别人，做出深度是一个好的选择。

比如说，你是三农类的作者，可以从家乡美食、风俗文化特产等入手拍一些视频；你是做创业的，可以拍一些真实成功创业案例的店铺访谈，不只是讲道理，还要呈现真实的经历；做美食的，可以拍一些吃过最好吃的美食；做开箱测评的，可以拍用过的最好用的物品；做知识付费的，可以介绍一些最有效的方法等。

4．借鉴热点或者爆款作品做选题

需要注意的是，一定要结合个人实际情况和账号风格来蹭热点，千万不要为了蹭热点而失去了自己的风格。比如，不论是亲子、搞笑、情景类的账号，还是情感类的账号都可以蹭一下节日的热度，并在此基础上确定选题。

3.4.4 学会爆款热门脚本的3部曲

数据显示，2022年抖音App的日活量突破7亿。不只是用户量更大，而且越来越多的短视频用户想自己做出优质的内容。99%的抖音短视频制创作者会卡在脚本和内容的编写上，在这方面做了很多尝试和努力，但是依然没有什么收获。下面，就教大家写爆款热门脚本的3部曲。

第1步：搭建骨架

搭建骨架也就是确定想表达什么。简单地理解，就是你做的这条内容当中，把修饰词语、情节和场景对话全部去掉，摘出最核心的一句话，也就是你想表达的内容。一切的情节人物都要围绕着最核心的这一句话去展开，这句话就是这条内容的主心骨。

第2步：把情节场景人物添加进去

我们要把人物、场景添加进去，也就是添加"谁在哪里做什么"的内容。

（1）"谁"是指谁来讲、谁出镜、谁来演。他的人设、他的语言特点是什么？主要要讲出他的名称、人物性格等内容，其他的可以用简单的话带过，如他是哪里人，他多高等。当然，你的描述一定要符合这个账号的人设定位。

（2）"在哪里"是指场景，就是指你的出镜环境是什么。你的内容情节发生在什么样的现实环境当中，那就在什么环境当中拍摄。

（3）"做什么"是指情节放在一个什么样的具体的生活事件中。这个非常好理解，就是把你主干的内容填充完之后形成一个完整的情节。

总结一下上面的两个步骤：首先把你想表达的内容用一句话表达出来，然后把人物情节和场景填充进去。

第3步：增加热门要素

增加热门要素就是指检查你的内容，思考你写的内容如何进行修改，才能更好地上热门。比如，在一个内容当中，植入 1 ~ 2 个评论点、吐槽点就可以了。如果没有评论点，那么就想办法增加创意，从而增加粉丝的互动率。

3.4.5　带货无数的抖音热门嵌入法

抖音种草、好物推荐账号，这类账号通常是开通抖音商品橱窗后，通过商品橱窗上架淘宝店热门商品，给淘宝店引流带货，或者赚取淘宝店提供的佣金。

运营这类账号的过程中，必然会出现这样的一个问题：如果纯粹介绍商品，粉丝数量上涨缓慢，视频上热门也比较难。纯粹做热门内容的号，带货也并不尽如人意。那么，如何平衡带货和内容呢？刚开始做抖音种草号、好物推荐号的，如果不满足于涨粉慢、影响力不足，那么就要好好学习下面这个热门嵌入法了。

如图 3-14 所示的两个视频，同样是以使用场景种草挂烫机。但是，右边这个视频的数据却要好很多。这是为什么呢？如果你仔细看的话，就会发现右边这个视频很好地利用了李现这个明星热点。不仅熨烫的衣服上有李现的头像，而且还加入了"李现"话题。所以，许多喜欢李现的人都查看了这则视频。

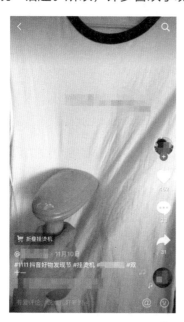

图 3-14　以使用场景种草挂烫机的两个视频

所以说，在做内容时要考虑你的整个内容当中，有哪些能够引起粉丝点赞、评论和转发的热门要素。写拍摄脚本时要考虑用一个什么样的镜头拍摄什么样的演示动作，配合什么样的产品解说词，这些都确定之后就应该考虑嵌入热门要素。但也有以下几点是需要注意的。

（1）不要喧宾夺主，画蛇添足。什么是画蛇添足？也就是脱离了产品的特点和产品的卖点，去创造和产品不相干的热门要素。这就会造成干打雷不下雨，有热门却卖不动货的现象。写内容必须从产品的特点出发，去嵌入热门要素。如果脱离了产品的卖点，就脱离了销售的本质。抖音用户购买产品，一定是他产生了需求，产品的卖点和特点一定是基于需求产生的，所以要围绕着抖音用户的需求和产品的特点做内容，然后在内容的基础上锦上添花，这个"花"就是指嵌入热门要素。

（2）产品不能脱离账号能力。在你还没有形成一个超强的带货人设和 IP 的时候，你做的这条内容虽然是热门，但是你的产品可能超出了你粉丝的价格期望，比如说你卖 399 元的产品，那么卖货效果可能也难以达到预期。

（3）任何一条带货视频的核心都是产品的品质。有的学员说："我应用这个嵌入方法也上了热门，但是没有什么人买。"我通过抖音视频中的链接，进入到淘宝店看了一下，发现这个产品有很明显的刷单迹象，很多好评都是店主刷出来的，而一些抖音用户在买到产品之后直接因为质量问题给了差评。所以，产品的质量没有保障的话，那么一切都等于零。

3.5　8 个方面，助你轻松写出吸睛标题

在抖音号的运营过程中，标题的重要性不言而喻。一个标题的好坏会影响视频播放率的高低，下面就从 8 个方面介绍一下如何去写标题才能吸引更多的用户观看短视频。

3.5.1　福利型标题

福利型的标题是指在标题上向抖音用户传递出一种"观看这个短视频你就赚到了"的感觉，让用户自然而然地想要看完短视频。一般来说，福利型标题准确把握了用户贪图利益的心理需求，让用户一看到"福利"的相关字眼就会忍不住想要了解短视频的内容。

福利型标题的表达方法有两种：一种是比较直接的方式，另一种则是间接的表达方式。虽然方式不同，但是效果都相差无几，具体如下。

（1）直接型：会在标题上直接写有"福利"二字，受众一看就知道该短视频具有福利。如图 3-15 所示为直接福利型标题。

（2）间接型：通过运用与福利具有一样表达意思的其他词语传递福利，例如超值、优惠等词。如图 3-16 所示为间接福利型标题。

这两种类型的福利型标题虽然稍有区别，但本质上都是通过"福利"来吸引受众的眼球，从而提升短视频的播放率。福利型的标题通常会给抖音用户带来一种惊喜之感。试想如果短视频标题中或明或暗地指出含有福利，你难道不会心动吗？所以运营者不要小看福利型标题的影响力。

福利型标题既可以吸引用户的注意力，又可以为用户带来实际利益，可谓是一

举两得。当然，福利型标题在撰写的时候也要注意，不要因为侧重福利而偏离了主题，而且最好不要使用太长的标题，以免影响短视频的传播效果。

<table>
<tr><td>图 3-15　直接福利型标题</td><td>图 3-16　间接福利型标题</td></tr>
</table>

值得注意的是，在撰写福利型标题的时候，无论是直接型，还是间接型，都应该掌握以下 3 点技巧。

（1）点明提供的优惠、折扣以及活动。

（2）了解受众最想得到的福利是什么。

（3）提供的福利信息一定要真实可信。

3.5.2　价值型标题

价值型标题是指向用户传递一种只要观看了短视频之后就可以掌握某些技巧或者知识的信息。这种类型的标题之所以能够引起抖音用户的注意，是因为抓住了人们想要从短视频中获取实际利益的心理。许多用户都是带着一定的目的刷抖音，要么是希望短视频含有福利，比如优惠、折扣等；要么是希望能够从短视频中学到一些有用的知识。因此，价值型标题的魅力是不可阻挡的。

在打造价值型标题的过程中，往往会碰到这样一些问题，比如"什么样的技巧才算有价值？""价值型标题应该具备哪些要素？"等。那么，价值型的标题到底应该如何撰写呢？笔者将其经验技巧总结为 3 点，具体如下。

（1）使用比较夸张的语句突出价值。

（2）懂得一针见血地抓住用户的需求。

（3）重点突出技巧知识点好学、好用。

值得注意的是，在撰写价值型标题时，最好不要提供虚假的信息，比如"一分钟一定能学会XX""3大秘诀包你XX"等。价值型标题虽需要添加夸张的成分在其中，但是要把握好度，要有底线和原则。价值型标题通常出现在技术类的文案之中，主要是为用户提供实际好用的知识和技巧。

如图3-17所示为价值型标题的典型案例。用户在看见这种价值型标题的时候，就会更加有动力去查看该则短视频的内容，因为这种类型的标题会给人一种学习这个技能很简单，不用花费过多的时间和精力的印象。

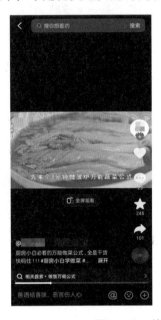

图3-17　价值型标题的典型案例

3.5.3　揭露型标题

揭露型标题是指为用户揭露某件事物不为人知的秘密的一种标题。大部分人都会有一种好奇心和八卦心理，而这种标题则恰好可以抓住用户的这种心理，从而给用户传递一种莫名的兴奋感，充分引起受众的兴趣。

抖音号运营者可以利用揭露型标题做一个长期的专题，从而达到一段时间内或者长期凝聚用户的目的。而且，这种类型的标题比较容易打造，只需把握3大要点即可，具体如下。

（1）清楚表达事实真相是什么。

（2）突出展示真相的重要性。

（3）运用夸张、显眼的词语等。

揭露型标题，最好在标题之中显示出冲突性和巨大的反差，这样可以有效吸引用户的注意力，使得用户认识到视频内容的重要性，从而愿意主动观看视频，提升视频的播放率。

揭露型标题其实和价值型标题有不少相同点，因为都提供了具有价值的信息，能够为用户带来实际的利益。当然，所有的标题型实际上都是一样的，都带有自己的价值和特色，否则也无法吸引受众的注意，更别提为视频的播放率做出贡献了。

3.5.4　冲击力标题

不少人认为："力量决定一切"。这句话虽带有太绝对化的主观意识在其中，但还是有着一定的道理。其中，冲击力作为力量范畴中的一员，在抖音短视频标题撰写中有着它独特的价值和魅力。所谓"冲击力"，即给人在视觉和心灵上带来触动的力量，也是引起用户关注的原因所在。

在具有冲击力的标题撰写中，要善于利用"第一次"和"比……还重要"等类似的具有较强极端性特点的词汇——因为用户往往比较关注那些具有特别突出特点的事物，而"第一次"和"比……还重要"等词汇是最能充分体现其突出性的，往往能带给用户强大的戏剧冲击感和视觉刺激感。

3.5.5　悬念型标题

好奇是人的天性，悬念型标题就是利用人的好奇心来打造的，目的是首先抓住用户的眼球，然后提升用户的兴趣。

标题中的悬念是一个诱饵，引导用户查看短视频的内容，因为大部分人看到标题里有没被解答的疑问和悬念，就会忍不住想要进一步弄清楚到底怎么回事。这就是悬念型标题的套路。

悬念型标题在日常生活中运用得非常广泛，也非常受欢迎。人们在看电视、综艺节目的时候也会经常看到一些节目预告类的广告，这些广告就会利用这种悬念型的标题引起观众的兴趣。利用悬念撰写标题的方法通常有 4 种，具体如下。

（1）利用反常的现象造成悬念。

（2）利用变化的现象造成悬念。

（3）利用用户的欲望造成悬念。

（4）利用不可思议的现象造成悬念。

设置悬念型标题的主要目的是为了增加短视频的可看性，因此运营者需要注意的一点是，使用这种类型的标题，一定要确保短视频内容确实是能够让用户感到惊奇、充满悬念的。不然就会引起用户的失望与不满，继而就会让用户对你的抖音号产生质疑，影响它在用户心中的美誉度。

3.5.6　借势型标题

借势是一种常用的标题写作手法，借势不仅完全是免费的，而且效果还很可观。

借势型标题是指在标题上借助社会上一些时事热点、新闻的相关词汇来给短视频造势，增加点击量。

借势一般都是借助最新的热门事件吸引用户的眼球。一般来说，时事热点拥有一大批关注者，而且传播的范围也会非常广，抖音短视频标题借助这些热点就可以让用户更容易地搜索到该短视频，从而吸引用户查看该短视频的内容。

那么，在创作借势型标题的时候，应该掌握哪些技巧呢？笔者认为，我们可以从3个方面来努力，具体如下。

（1）时刻保持对时事热点的关注。

（2）懂得把握标题借势的最佳时机。

（3）将明星热门事件作为标题内容。

值得注意的是，在打造借势型标题的时候，要注意两个问题：一是带有负面影响的热点不要蹭，大方向要积极向上，充满正能量，带给用户正确的思想引导；二是最好在借势型标题中加入自己的想法和创意，然后将发布的短视频与之相结合，做到借势和创意的完美同步。

3.5.7 警告型标题

警告型标题常常通过发人深省的内容和严肃深沉的语调给用户以强烈的心理暗示，从而给用户留下深刻印象。

警告型标题是一种有力量且严肃的标题，也就是说通过标题给人以警醒作用，从而引起用户的高度注意，它通常会将以下3种内容移植到短视频标题中。

（1）警告事物的主要特征。

（2）警告事物的重要功能。

（3）警告事物的核心作用。

那么，警告型标题应该如何构思打造呢？很多人只知道警告型标题能够起到比较显著的影响，容易夺人眼球，但对于具体如何撰写却是一头雾水。笔者在这里想分享3点技巧，具体如下。

（1）寻找目标受众的共同需求。

（2）运用程度适中的警告词语。

（3）突出展示问题的紧急程度。

在运用警告型标题时，需要注意是否恰当，因为并不是每一个抖音短视频都适合使用这种类型的标题。这种标题形式运用得恰当，则能加分，起到其他标题无法替代的作用。运用不当的话，很容易让用户产生反感情绪或引起一些不必要的麻烦。因此，运营者在使用警告型标题的时候要小心谨慎，注意用词恰当与否，绝对不能草率行文，不顾内容胡乱撰写标题。

3.5.8　急迫型标题

很多人或多或少都会有一点拖延症，总是需要在他人的催促下才愿意动手做一件事。富有急迫感的标题就有一种类似于催促用户赶快查看短视频的意味在里面，它能够给用户传递一种紧迫感。急迫型标题，是促使受众行动起来的最佳手段，而且也是切合用户利益的一种标题打造方法。

使用急迫型标题时，往往会让用户产生现在就会错过什么的感觉，从而立马查看短视频。那么，这类标题具体应该如何打造呢？笔者将其相关技巧总结为 3 点，具体如下。

（1）在急迫之中结合用户的痛点和需求。

（2）突出显示文章内容需要阅读的紧迫性。

（3）加入"赶快行动、手慢无"等词语。

值得注意的是，在运用急迫型标题时，要注意两个问题：一是不要使用令人不适的词语或句子，如"还不马上去看"，这会让用户觉得是命令的语气，从而产生排斥心理；二是短视频要真的有内容，不能用户去看了却并没有学到有用的东西，或者没有得到自己想要的答案，这时就会引起用户的不满。

第4章

12条引流增粉路径：打造百万级带货大号

学前提示

对于抖音运营者来说，一般情况下，一个账号的粉丝量越多，其带货变现的能力也就越强。所以，很多抖音运营者都想打造百万级，甚至是千万级的带货大号。

那么，怎么快速实现引流增粉呢？本章，我就给大家提供12条路径。

要点展示

- 2个方面，做好评论区的引流
- 4种活动，助推快速引流增粉
- 6个方法，实现粉丝量的暴增

4.1　2个方面，做好评论区的引流

评论区是抖音运营的一大战场，我们都知道，很多时候看评论区比看视频还有趣。那么，在评论区我们可以做的事情是什么？可以去引导更多的人来评论，可以引导用户去看本账号其他视频，也可以引导用户去做更多的事情。我们接下来就来介绍如何做才能实现快速引流。

4.1.1　评论区互动的5个技巧

在评论区与抖音用户互动时，需要掌握5个技巧，下面分别进行分析。

1．和用户成为朋友

当你的粉丝量刚达到1000左右的时候，最适合的方式就是跟每一个粉丝都能成为朋友。只有这样，你的抖音粉丝才会去看你的每一条视频。而且，因为你跟他们关系特别好，他们会愿意去给你评论、点赞和转发。这样一来，系统就会认定你的粉丝特别愿意看你的内容，因此系统会给你更多的推荐。

为什么说粉丝量从0到1000的时候最重要，因为当你的粉丝量再多时，你可能跟任何人都成不了朋友了，因为人太多了，你根本记不住。就像你就算是在某个明星面前做了一件很大的事情，他也不一定能记住你，因为在他面前的人太多了。

所以，在账号运营的前期，你一定要跟抖音用户，特别是你的粉丝成为朋友。前期的用户基础是很重要的，当你跟粉丝互动成为朋友之后，那么粉丝在评论区给你的都会是好评，而其他人看到你的评论区全都是好评，也会更愿意去跟你成为朋友。因为他们会觉得你这个人特别有趣、特别善良。如果你能跟每一个粉丝都打好关系，那爆发起来会非常快。我们之前做过测试，做第1个抖音号时，就是在评论区跟抖音用户混得很熟，这时候我们这个账号1天增长的粉丝就达到了16万。所以，在评论区互动时和抖音用户成为朋友是很重要的。

2．解决用户的痛点

当和粉丝成为朋友之后，我们要做的第2件事情，就是去解决用户的痛点。如果你的评论只是一些无关痛痒的话，那么别人不会对你有需求，只有真正地去解决某一部分人的痛点，别人才会认可你，才会长久地关注你。

解决痛点时，还有一个问题要注意，不要把所有问题都解答了，为什么？因为大家的问题你都解答了，为什么还要去加你微信呢？为什么还要去看你下一条视频呢？所以解答的是这个视频最核心、大家最关心的一个话题。只解答一个人的问题，其他的人可以不用管，为什么？因为你解答一个人的问题之后，视频如果被推荐到首页，就会吸引更多的人来提问。这样一来，你可能没有时间回答每一个人的问题，而且如果抖音用户有迫切的需求，也会主动加你的微信来询问，这也能触发更多人

去加你的微信。

我们要做的是通过解决单个粉丝的痛点需求，刺激更多的粉丝对你有需求。当然，其他人的问题也要去回复，也要去评论，只不过不用从专业的角度去解答得特别详细。

3. 通过话语引导用户

我们必须要整理一些引导话语，为什么要这样做？因为我们都知道抖音有"挖坟效应"。如果你这一条视频带来了1000万的播放量，你在评论区引导抖音用户去看你第2条视频，那么可能会有100万人去看你的第2条视频。这样一来，你的第2条视频立马就火爆起来了。

因为你每一条视频的关键词不一样，所以它推送的人群也不一样。而借助话语引导就能让更多人看到某些视频，从而增加其二次火爆的机会。

具体来说，怎么去引导呢？别人问你一个问题，你可以采用反问句的形式回复。对方说：我要如何去减肥呢？你可以回复：你现在多重？身高多少？这就是采取反问句的形式，引导用户二次评论。

如果有人第一次评论你，你直接给他解答了，那么他就不会再去评论了。而如果采取的是反问句，那么本来是100条的评论，加上你的回复，评论可以达到200条。然后你通过话语引导，评论量可以达到300条。再引导一下，评论量甚至能达到400条。

这个时候，系统会因为你的评论多给你更多的推荐。最重要的一个问题是它还能提升完播率。因为我们知道，当别人去看评论的时候，你的视频在后面播放了一遍又一遍，甚至可能播放了四五遍才能看完评论，这样就提升了完播率。

另外，你的评论区特别精彩的话，也会刺激更多本来不想评论的人也去评论了。你会发现增加了评论量，也增加了点赞量，为什么呢？因为很多人看了你的评论，会对你这个行为去点赞。

我们当时在运营抖音号的时候，很多人说我关注了那么多抖音大咖，没有一个做到评论都回复的。你这边做了，所以你的点赞量会增加，播放量也会增加。在你的引导下还会有更多的人去转发。你相当于把整个数据都提升了。你的内容不受欢迎，还有谁的内容受欢迎呢？

通过话语引导还可以引爆其他的视频，引爆其他的账号。如果你打造的是矩阵号，你可以引导他去关注另外一个账号，或者是引导他去看其他的视频，一定要有引导。这个引导可能不是直接挑明的，但是你引发了抖音用户的需求。

4. 通过评论显示专业度

在解答问题的过程中，我们要有专业度。为什么要专业呢？你的内容讲出来了，抖音用户如果觉得一点也不专业，那他们肯定不会去关注的。专业的回复能提升大家对你的认可度，增加抖音用户的提问兴趣。

如图 4-1 所示为某视频的部分评论。看到视频作者的评论之后，许多抖音用户都会觉得这是一个比较专业的人。所以，自然会有很多用户被作者的专业评论吸引，成为该抖音号的粉丝。

图 4-1 通过专业评论引流增粉

5. 设置引诱点引导用户

通过设置引诱点，引导粉丝去添加视频作者的微信，这一点非常重要。如何去设置引诱点呢？比如，你这一条内容是讲给创业的人听的，你说你有一个创业群，群里的人都是做创业的，还有专业的老师讲解。那么，这个内容就可以快速地吸引大量创业人群来添加你的微信。

你想一下，你在评论区引导了更多的人去添加你的微信，去关注你的公众号，是不是很快就把你其他平台的账号给引爆了？我们最重要的一个问题就是把用户吸引到私有流量池，所以笔者建议大家吸引用户去加你的个人微信号。因为只有这样才能长期地变现。

你可以把你的抖音号改成微信号，然后在简介中用谐音字代替微信来引导用户加你的微信。不要用"微"，即使是谐音也不行，一定要用很多人都没有用过的。就像笔者之前用的是"味"，这样就不会被屏蔽，因为几乎没有人用这个字来代表微信。你还可以去找更多的字，你去输入拼音"wei"，会出现很多字，你写上去就可以了，不用担心，别人能看懂的。

4.1.2 评论区互动的 4 个原则

在评论区与抖音用户互动时，有几个原则大家一定要记住。接下来，笔者就来分别进行解读。

1. 鲜明个人特点

如果说你每次的回复都是平淡无奇，也没有包含个人特点。那么，别人可能记不住是谁评论的。我记得有一个人很聪明，他的评论都是前面写上他要说的话，然后后面加上他的名字，他这样的做法就非常有特点。每次大家都看到他名字，所以很容易就记住他了。

需要注意的是，与抖音用户的互动，不是只在自己的视频下面互动，你也可以去给那些热门的视频评论，从而吸引更多的流量。

2．刺激用户需求

评论必须是能刺激用户的。什么叫刺激用户？比如"某某某一个月瘦了20斤，而你过年之后胖了20斤，你想不想像他一样快速变瘦？"，用户看到评论后会觉得必须要去看一看，这就刺激了用户需求。

3．实现增粉变现

在评论区互动时我们要考虑能否增粉变现。给别人评论的时候，要考虑这一条评论发出去以后，能不能吸引别人打开你的抖音账号，能不能吸引别人去观看你的视频并发表评论。

比如，你看到某一个人在减肥，你说他这个情况很适合你讲的第3个减肥方法，这就是刺激别人去加你的微信、去看你的视频。

4．注重用户感受

笔者发现有的人在评论区会跟别人怼起来，他会去骂粉丝，别人说了他两句，他就忍不住要发火。你要是想红，就必须要忍受住别人对你的指点。100个人看你的视频就有100种说法，你不需要跟他们去计较，你要是计较就做不成大咖。

所以，不要怕别人说，也不要怕别人骂。你回复评论的时候，你不能让用户看着难受，因为你要把抖音号做大，就要能够承受住风雨。记住，只有注重用户的感受，才能让用户喜欢上你。

4.2 4种活动，助推快速引流增粉

抖音上90%的热门都是通过抖音的活动打造出来。抖音活动具体可以分为4种，在本节中笔者就来分别进行解读。

4.2.1 舞蹈挑战赛

舞蹈挑战赛在抖音上是很受欢迎的。很多人说"我做的并不是舞蹈类的账号，那我要怎么做舞蹈挑战赛呢？"你可以用你的人设去跳一段舞蹈，然后把这个舞蹈跟你的内容关联上。

比如，做减肥的，可以说"教你一招，既能减肥，又能跳得好看"，这样就能

刺激用户需求。如图 4-2 所示为一个做实体服装店的参与舞蹈挑战赛的一条视频。他就是通过在店里直接跳舞的方式，将舞蹈和自己的业务关联起来。而且，因为跳得很灵活，看上去很有趣，所以这条视频获得了 4 万多点赞，同时也让该账号收获了大量粉丝。

图 4-2　通过舞蹈挑战赛引流增粉

4.2.2　音乐挑战赛

我们在参加音乐挑战赛时，可以直接去使用相关的音乐，但是内容一定要跟自己的领域相关。一定要让你参加的音乐挑战赛或者使用的音乐，和你的定位产生关系。如果完全没有关系，那你的引流增粉效果可能会大打折扣。

除了直接使用别人的音乐之外，还可以自己创造音乐。这个音乐不一定要是歌曲，你视频中出现的所有声音，就算是一声鸟叫，也能算成一种音乐。比如，"多余和毛毛姐"创造了一句"好嗨哟"就特别受欢迎，很多人的视频都在用。那你能不能创造一些属于你的声音，让别人去使用呢？

4.2.3　表情挑战赛

在抖音上有很多的贴纸、表情。我在利用这些贴纸和表情的时候，能不能跟自己的领域相关呢？

如图 4-3 所示为一个账号参与表情挑战赛的一条视频。这个账号是做宠物零食的，它就是通过给宠物狗喂一片柠檬，让它挑战无表情吃柠檬的方式，将自身的业务和挑战赛进行了一个很好的结合。

图 4-3　通过表情挑战赛引流增粉

4.2.4　话题挑战赛

话题挑战赛其实是很容易做的，也是很容易上热门的。那么，如何去做话题挑战赛呢？比如，你是做护肤的，你可以跟群里面的一个大咖一起挑战敷面膜，看谁敷得好？然后引导更多的人参与进来。如果你发起的敷面膜挑战赛，吸引了抖音上很多女生参与，那么你这个话题很容易就爆火了。

又比如，抖音上曾经非常火爆的情侣互换身份挑战，击中了很多人的痛点，因为很多热恋中的女生有时候无论自己的男朋友做什么都不满意。而互换身份之后，双方的地位就发生了变化，这就让很多人都想知道身份互换之后发生了什么。如图 4-4 所示为一条情侣互换身份挑战赛，其点赞数便达到了 34 万。

话题挑战赛通常比较有趣，能够引起更多人来围观，而且能够让参与者拥有新的体验，或者心灵上的收获。我们在打造话题挑战赛时，要考虑所选的话题是不是贴合实际，能否满足参与者和围观者的需求。只有参与者和围观者的需求都得到了满足，这个话题才算是最佳选择。

话题挑战赛打造好之后，你可以去邀请一部分认识的人先参与进来，为什么呢？如果挑战赛打造出来却没有人参与，那是一件很尴尬的事情。因为抖音上不火的话题太多了，所以你可以邀请一些认识的人一起发布参与挑战赛的视频来提升话题的热度。

假如，你一个人发没有用，那可以 10 个人发、100 个人发，参与的人多了，你打造的话题就能快速成为一个热门话题，这就是热门话题的操纵。其实说白了很简单，就是如果你的团队有 1000 人的话，你就可以借助团队的力量快速地把你的话题炒火爆。

图 4-4 通过话题挑战赛引流增粉

抖音的运营不是一蹴而就的。虽然有很多人随便发个视频就上热门了，但是他的视频没有任何价值。你说他随便拍的一段搞笑视频，价值点在哪里？它吸引了谁？用什么变现？如果你不能打造一个变现的账号，那你运营这个账号干什么？

虽然你现在学习起来是有一点难度，但是它可以快速地帮你带来收入。就像我们有一个学员，他的账号运营了一周左右，只吸引了 800 多人的粉丝，但是却在几天内变现了 3 万多元，而且一直在变现。虽然他的粉丝量才 800 多人，但是加他微信的人就有将近 500 人。

所以说，上热门虽然很重要，但是获得精准粉丝、实现变现更加重要。即便你的视频只有 500 次的播放量，但如果有一个人来找你了，那这就是成功。相反，你的视频有 100 万次的播放量，却没有一个人来找你，那这条视频也是失败的。

4.3 6 个方法，实现粉丝量的暴增

在抖音中迅速获得大量流量，实现粉丝量暴增是有方法的。本节笔者就为大家介绍 6 种实用的方法。

4.3.1 一键分发 6 大平台

很多运营抖音的人，都知道抖音是今日头条旗下的一个品类。其实，我们在抖音上传的视频不仅只能发布到抖音上，还能实现一键分发 6 大平台。我们只要绑定今日头条，在抖音上发布的视频，就可以同步到今日头条。除了今日头条之外，抖音上发布的视频还可以同步到火山小视频、西瓜视频、皮皮虾或者懂车帝。

如果除了抖音之外，你在其他的平台都没有产出内容，那么，你可以用手机拍

摄视频，只要视频上没有水印，就可以上传到更多的平台。这些平台包括今日头条、火山小视频、西瓜视频、快手、微视美拍和秒拍等。

除了这些平台之外，小影、快剪辑和爱剪辑等剪辑软件也可以上传视频进行引流。我们可以在快剪辑上制作好视频直接上传到云端，也会吸引很多人的注意。

所以说，我们所做出来的内容，并不一定只能在一个平台上传。当然，要想获得更好的引流增粉效果还要记住一点，那就是每个平台的属性都是不一样的。你在做内容的时候，或者在做标题的时候，一定要针对平台去做。

下面，我就针对头条系的平台来给大家进行一些分析。抖音注重的是颜值、技术流、搞笑和 IP。颜值是可以直接利用上的，它并不是一个内容，而是一个能够让视频火爆的点。技术流就是把一些有技术含量的内容通过视频呈现出来。搞笑很容易理解，就是通过风趣、幽默的表达引人发笑。

IP 是什么意思呢？IP 就是细分领域的意见领袖。比如，你在用车知识方面讲得特别好，只要你能讲出来一些内容，成为某一方面的"老师"，那你就可以打造自己的 IP。

需要注意的是，抖音上更多的是一二三线城市的人群，他们的消费能力比较高，其中女性占比相对较高。所以，我们针对女性用户的需求进行营销的话，通常更容易实现快速变现。

火山小视频更注重的是颜值、生活小技巧和搞笑。火山小视频中搞笑的内容通常会稍显低俗，里面有很多搞笑视频表演夸张或者演技比较差。另外，和抖音不同的是，火山小视频更多的是面向三四线城市和农村。

皮皮虾注重的是搞笑、段子、神评论、短文、短视频和动图这几种形式。如果你有这方面的内容，都可以上传到皮皮虾。

今日头条是我们需要重点做好运营的平台，为什么呢？因为今日头条不光是有像速评的这种短视频，还有 3 ～ 5 分钟的短视频，也可以去写一些像朋友圈一样的微头条，或者去写文章、把图片上传到图库。

这些内容，吸引的是 70 后、80 后、知识人群和高收入人群。因为有很多高收入人群喜欢在今日头条上看一些文章，去了解最新的信息、了解最近火爆的内容。笔者就特别喜欢看今日头条，每天都会抽出一些时间看一下今日头条。所以说，你的视频一定要去同步到今日头条，因为今日头条的变现能力是很强的。

西瓜视频主要是做直播、长视频和短视频。它的类型包括综艺、电影和 IP。你可以打造一种综艺节目，比如拍你的日常，你昨天做了什么，今天做了什么；采用电影形式的话，你就可以截取一些电影片段发到平台上做电影形式的内容。

懂车帝主要是做短视频、图文和带车标识的内容。你的内容中如果含有车标识，它就很容易被懂车帝抓取。还有就是你也可以把你的内容直接上传到懂车帝。

其他平台的话，我在这里就不跟大家多介绍了。

在这 6 个头条系平台中，我们需要重点做好抖音、今日头条和西瓜视频的运营。

把这 3 个平台做好了，不仅可以给你带来大量的流量，而且也能带来不错的变现效果。

4.3.2　增加关注的 3 个要点

在抖音运营的过程中，你可能会有一个疑惑。那就是：为什么有的视频播放量非常高，点赞率非常多，但点击关注的新增粉丝却非常少呢？其实你只要做好以下几个方面，就能解决不被关注的问题。

1．内容有价值

举一个特别简单的例子，有的人每天都把生活中的一些内容拍成视频，发到抖音上，有什么就发什么，这样一来，内容就没有持续的价值了。虽然可能会突然有一条很火爆的视频，吸引了几千个粉丝或者上万个粉丝，但是这对账号未来的经营和粉丝的精准度营销并没有太大的价值。

因此，你的内容对于整个账号的运营、对于粉丝来说，是不是有价值的，这一点很重要。你的视频不应该只是让抖音用户一笑了之，而应该让用户通过你这个视频有一定的收获。

2．内容的垂直连续性

什么叫垂直连续性？就是你的内容在一个垂直领域之内，而且你一直输出这方面的内容。前段时间有个人问我：做包饺子机器的，要如何做抖音？包饺子机器这个产品太好展现了，你要的就是饭店或者所有的餐饮业主来买你的这个机器，那么你用抖音垂直地展现出来就可以了。

一是将产品的优质性能展现出来，如效率、成功率、安全、环保、省电和不占地方；二是呈现产品使用场景和客户评价。你的客户不用这个机器有多少痛点，都把它变成内容展现出来。这样做，你的视频就是垂直于内容领域的。

还有就是垂直连续性当中的连续性。如果你的内容没有一定的连续性，抖音用户也不一定会关注，因为他们看账号内的其他视频时，如果觉得乱七八糟，不能给他们持续的价值，那么，抖音用户就会觉得你的账号没有关注的必要。

其实创造连续性内容也非常的简单，比如在一条视频的最后一句说：下一条我要讲什么内容，请大家关注；还有就是在标题封面上展示连续性，如你可以用成连续性的 3 条或者 4 条视频来展现同一个话题，连续地进行更新。这样很容易就会引起抖音用户的关注。为什么呢？因为当抖音用户刷到了其中的某一条视频之后感觉特别好，他们就会关注一下，看看接下来还会更新什么内容。

3．个人的 IP 属性

抖音用户喜不喜欢你，决定了他们是否关注你。有时候，抖音用户虽然播放了你的视频，但是，如果对视频中出现的人物没有感觉，抖音用户可能还是不会关注你的抖音号。所以，打造个人 IP，吸引抖音用户非常重要。

IP 的属性有两个方面：一方面，如果你是意见领袖，你发表的观点我认同，那么我就会支持，给你点赞；另一方面，就是一些技能达人，如在家炒菜炒得特别好，可以教别人怎么做菜，或者化妆化得特别好，可以教别人怎么把自己化得更漂亮。哪怕传授一个知识、一个技能，只要抖音用户对你的内容感兴趣，他们就会想要关注你，因为他们喜欢你的 IP 属性。

还要补充一点，就是做好和粉丝的情感连接。粉丝是需要经营的，随着你和粉丝之间的情感日渐密切，抖音用户自然会把你当成朋友，通过关注账号，持续查看你更新的内容。

4.3.3　被限流了要如何破解

最近很多网友问笔者，为什么现在发抖音号，经常被限流呢？笔者看了一下限流的账号，主要有 3 种类型。

第 1 种是搬运的视频比较多。我们一直建议做原创的视频，如果你非要搬运视频，笔者建议你到外网去搬运，不要在抖音上直接搬。即使是对从外网上拿过来的视频进行重新编辑，也存在着版权的风险。如果你只能搬运，那么你一定要重新剪辑，并且配上自己原创的声音，这样你的内容具有了个人属性，就不容易被限流了。

第 2 种是视频的质量有问题。如果你的视频质量有问题，如你拍的视频看不清，看后不知道说了些什么，看完之后感觉没头没尾，那么，系统自然不会把它推荐给抖音用户。

第 3 种是价值观有问题。现在抖音上播放量、点赞量比较高的视频，都是三观比较正的视频。每一条视频背后都是有价值观的，你这条视频是给别人带来了快乐还是正能量？你这条视频有没有人设？你这个人设，能不能给别人带来正向的价值观？很多被限流的视频，都是由自己违规，或是自己的视频没有体现正确的价值观造成的。

所以说，一定要做原创的视频，而且每一条视频都要思考能给粉丝带来什么样的价值，这个价值一定是正向的，这才是最根本的解决方案。那么，如果出现了被限流的情况，你该怎么办呢？

首先，我们要看是哪一种限流情况。一般来说，系统会发通知告诉你为什么被限流了。被限流主要包括 3 种情况，即广告营销、搬运视频和内容违规。下面，笔者给大家 3 个建议。

第 1 个，如果你接收到了限流 50 天或者封号的处罚，笔者建议还是开一个新号。因为 50 天完全可以将一个新号做起来。

第 2 个，如果你是因为搬运视频被限流了，那么你就要在进行视频剪辑的时候，去 MD5 值。而且，尽量采用外网视频，尽量采用不会产生版权纠纷的视频，还有一个窍门就是一定要重新编辑，加上自己的独特内容，这是最好的方式。

第3个，如果你是因为广告营销被限流了，那么在未来，你发的视频中就要尽可能避免类似的营销词。一些抖音禁止使用的词汇，尽可能不要去用。另外，不要在回复当中出现你的联系方式。

短期的限流不可怕，发优质的、有正向价值观的、能给别人带来价值的视频，并且借助热点，有利于你的账号快速恢复。如果粉丝对你最近的几条视频反馈非常好，评论、点赞特别多，那么账号恢复正常也是非常快的。同时，你也可以邀请群里的好友，帮你进行一些助力，这个有时候也是有必要的。

4.3.4 4招实现引流转化倍增

有一个学员曾经问笔者："快20万粉丝的账号，为什么才引流2000多人？有没有更好的引流方法？"很多人都想把粉丝引流到其他平台，如微信、公众号、QQ等，但是效果并不是很好，那么怎么做才能提高效率呢？

下面，笔者就拿图文形式的账号，也就是没有真人出镜、不存在人设的抖音账号举例，怎么成倍提高引流效果。

这类账号都没有清晰的人设，所以变现和引流效果相对较弱，以下实现引流转化倍增的4招都是笔者在实践过程中尝试过的，大家可以参考。

第1招是账号的名字要带上自己的名号。别人有问题了，一看这个账号的名字是一个人，他就会主动找你咨询或者问问题。比如，你的抖音号叫摄影师小白。那么，抖音用户每次回复你的消息的时候，都会显示出在和摄影师小白对话，这样做可以让抖音用户更好地记住你这个人。

第2招是在评论区有意识地打造人设。我们可以在评论区主动打造自己的人设。比如，回复粉丝评论或问题时要经常植入场景和人物形象的内容，具体参考如下。

我在武汉上班的时候……

我当时学习摄影也遇到过你这样的问题……

昨天出去拍摄，和你讲的一样……

前天一个粉丝来工作室找我，问的就是你刚问的这个问题……

我正在吃饭，稍等一下，我再详细帮你解决一下哟……

抖音评论区带上场景和个人的情感特征，可以很好地弥补图文等类型抖音号人设弱化的缺陷。

第3招是在评论区内容里植入引流话语，具体参考如下。

你这个问题在我们摄影交流群中出现过……（这个回答既是告诉抖音用户存在这个问题，也是告诉抖音粉丝你有一个摄影交流群。这样引导，抖音用户可能就会问你怎么样进入这个群，这便实现了快速导流和引流）

群里经常被问到最多的就是你说的这个问题，其实我告诉你……

我朋友圈昨天发了一条，就是你聊的这个，你可以去看一下……

昨天我和好几个粉丝好友在一起喝茶就提到了······

其实，评论区才是引流的主阵地，一定要看似不经意地增加引流话语，引流效果才能倍增。

第4招是通过视频内容做适当引导。通过视频内容进行引导的时候一定要注意，不要违规。如果你的诱导性太强，可能会出现违规的情况。所以，你要清楚你的内容应该用什么样的软植入去引导。

比如，你做完一条内容之后，完全可以在后面说这样的一句话，最好是用语音说："还有什么疑问可以群里交流哦！我群里等你。下次在某咖啡馆聚会······"这样的话还有很多，大家可以结合自己的内容，慢慢地体会和使用。

4.3.5 打造私域流量的注意事项

这一小节，笔者要和大家分享一下未来商业的红利——私域流量池。为什么要分享这个内容呢？因为很多时候我们去做平台运营，没有把流量给留下来。

这种做法有一个很大的弊端。比如，做淘宝的，运营了一段时间之后，你的销量越来越高了，但是突然有一天，你的店被封了，或者现在平台不给你流量了，又或者是你的店不花钱去买流量了，这个时候，你的顾客可能就不再是你的顾客了。他们看到其他店铺有自己喜欢的东西，可能就不会再去关注你了。

私域流量池的特点是什么呢？它具有私密性。用户在你这里观察到的内容，无法去其他平台找到相同的，因此它的私密性对于成交是非常有利的。

我们在打造私域流量池的时候，要注意以下几点。

第1点，私域流量池一定是生态化的，它要有价值点。价值点就是用户能从你这里得到什么价值。比如，在笔者的朋友圈里面，每天都会分享一些抖音的操作方式、抖音的灵感，这样笔者的内容对很多运营抖音的人来说就是有价值的。

而且，除了抖音之外，在笔者这里他们还能学到其他的内容。这样笔者就渐渐地形成了一种生态化的私域流量池，很多人越来越离不开，他们会越来越希望在这里长久地扎根下去。就像很多人跟笔者学了抖音运营以后，还想学社群运营、微商运营、自媒体运营等。这就是为你的私域流量池提供了价值点，让客户越来越离不开你。

第2点是找到产品的核心卖点。不管我们是做哪种产品，我们都需要有产品卖点。比如，现在你来找我们学习，是因为我们专业？还是因为我们的课程更加完善？只要你的产品核心卖点能够打动客户，就能实现快速成交，甚至还能直接让客户成为你的私域流量。

第3点是个人的魅力。个人魅力很重要，比如，同样是做抖音培训的，为什么有些人招学员的价格比你的还高，却能招到人？为什么你的价格低却招不到人呢？主要的原因可能就是他的个人魅力能够吸引到学员。

你一定要清楚你的个人魅力是什么，并借助个人的魅力，实现引流变现。比如，你有某方面的兴趣爱好，这个时候跟你有同样兴趣爱好的人，就会被你吸引，在你这里进行成交。

第4点是私域流量池更注重用户的转化。我们的客户可能在多个不同的平台上，我们要做的就是把这些平台上的人都吸引到我们的微信上来，然后进行转化和维护。

第5点是用户裂变。你在抖音上吸引一个粉丝，它就只是一个粉丝，但是在微信上，这一个粉丝可能给你带来很多的人。比如，我们通过抖音吸引一个人加了你的微信，这个人可能不想买你的产品，但是我们可以把他的价值最大化。

你可以请他帮你转发一下朋友圈，或者是请他邀请3个人加你的微信，或者是请他帮你推荐顾客。这就是在进行用户裂变，通过一个人来裂变出更多的人，你只需要提供给他们想要的内容就可以了。如果你在抖音上吸引了1万人，裂变之后，你知道那是什么概念吗，可能会有5万人加你的微信。

第6点是做好顾客的维护。因为我们都知道在抖音上或者是淘宝上很难实现二次成交。顾客买了你的产品以后，下次可能不在你这里买了，下次他搜索别的关键词了。但是，如果我们把这些人吸引到我们的私域流量池，那么我们的产品上新和模式更新等一切消息都会通知到位。

这时候会出现什么情况呢？用户很容易二次成交。我们都知道私域流量池就是我们自己的流量，我们不需要花费太多的成本，可以把钱省下来去做用户维护。你请专业的老师给他们进行指导，偶尔可以给他们组织活动。顾客的维护带来的主要是二次成交，二次成交永远比第一次成交要快得多。所以说我们一定要把我们的顾客维护好，把服务做好。

第7点是做好团队的管理。微信更适合团队的管理，你有微信群，可以随时沟通，什么都很方便。不光是员工的团队管理，还有顾客的管理，我们可以组建顾客的VIP社群，也可以做标签管理。什么意思呢？比如，你来加我微信了，我给你的备注是你在12月1日找我买了两盒面膜。我大致一算，这两盒面膜你大概是用10天。我就在第7天的时候，主动找到你，问你面膜是不是快用完了，需不需要再买。当用户还没有产生需求并且你的竞争对手还没有去布局的时候，你已经把顾客给拿下了，这就是团队管理和标签管理的重要性。

第8点是实现多次成交。我们注重的就是多次成交和推荐。我之前做销售的时候，有个顾客一个月内给我推荐了14个顾客，这就实现了多次成交。为什么能够实现多次成交呢？因为你在微信中主要打造的是关系，你跟他的关系越亲密，他越愿意为你介绍顾客，也越愿意在你这里购买更多的产品。

比如，你去关注一家淘宝店，这家淘宝店平常和谁聊天，你都不知道，每天都是冷冰冰的，只有产品。而在微信上，它更注重的是生活的交集，所以更容易实现多次成交。

这就是未来商业的红利，如果说我们每个人都去积蓄自己的力量，把所有平台上能拉进自己私域流量池的都拉进来，给他们组建生态，让他们愿意在这里待下去。

每天你只需要发 4~5 条朋友圈，让用户觉得你的内容有价值，那后期的卖货变现还难吗？因为先是有了价值的认可，才会带来后续的成交。私域流量池有这么多的好处，这么强的可操作性，所以我们都要去打造它。

4.3.6　未来企业和个人成长的标配

现在很多企业还在慢知慢觉，很多商家和个人更是慢知慢觉。为什么呢？因为他们没有去考虑太多东西，他们觉得现在能够赚到钱，不需要考虑那么多。其实危机正在发生，而且是一场大的危机。因为你的用户正在一点点被别人蚕食掉，你的用户时间更多地被别人掌握了。你说，你的顾客还是你的吗？

未来企业和个人的第 1 个标配是自媒体。它主要帮助解决个人和品牌的问题，树立正确价值观，传播认知。同时，它也是一个流量来源。有一个学员，他现在在做自媒体，拥有了差不多 10 万粉丝，这一年内他通过自媒体赚了十几万元。

最重要的不是这个钱，而是吸引了一群人认可了他的价值。他后续不管是做什么，都很容易变现。而且，通过做自媒体吸引的粉丝，也可以很快地就转化为他的抖音粉丝。

未来企业和个人的第 2 个标配是抖音。抖音是非常适合打造 IP 的。如果你不能打造自己的 IP，不能实现后续的变现，那你做抖音就没有太大的价值。我们一直打造的就是 IP，我们今年可以做，明年可以做，10 年以后还可以做，只是做的事情不一样，但是我们的认知，我们的个人品牌一直在。如果说你没有去打造 IP，今天做这个项目赚钱了，明天再做其他项目，一切都要从头开始。

另外，抖音传播是很快速的。一条 15 秒的视频，可能一夜之间全国上下都会知道。所以一定要用心，不管是企业还是个人，必须要做这件事情，拼尽全力也要去做。

未来企业和个人的第 3 个标配是个人微信号。我不知道你们有没有发现，现在越来越多企业都注册微信个人号。为什么呢？因为他们花不起钱了，他们花不起流量费用了。打造自己的流量池，它不需要太大的精力，只需要不断地吸引人加入进来。微信个人号主要解决的是用户的转化和维护问题，包括我们做抖音运营吸引的粉丝，最终都要引导到个人微信号上面来。

未来企业和个人的第 4 个标配是社群。不是说我们组建个微信群就叫社群了，社群是把一群具有共同价值观、具有共同需求的人联系到一起，它是长久性的。包括我们从抖音上吸引过来的粉丝，也可以专门组建对应的社群。比如，我是做抖音运营培训的，就可以将抖音上吸引过来的人组建成一个抖音运营学习群。

当然，笔者在这里建议大家做短期的社群，最好不要超过一周。因为时间太长的话，你们运营不了。时间长了以后，更多的人会屏蔽群消息，甚至从来不在群里说话。你这个群就会很冷清，后续这个群就没有了价值。

社群主要解决的是什么呢？一是用户的沉淀，它能够让用户对你有一个清晰的认知，在群里看到你在开课程，来看你的分享，这样用户对你的认知度就会更高，所以用户的沉淀很重要；二是用户的裂变，在你的朋友圈里面，可能谁发了一个可以进什么样的学习群，你就很容易被吸引进去。

我们在招募第一批种子用户时，采取的就是这种方式。比如，价值 19.9 元的商品在转发朋友圈后只需要付 1 元，甚至不用付钱，这种转发优惠就会具有很大吸引力，而我们借助这种方式在短时间内便可吸引大量精准粉丝。

未来企业和个人的第 5 个标配是社区团购。社区团购这几年是特别火的。别人是用社区团购在赚钱，我们能不能把社区团购改变一下，不用它赚钱，而是让利给你的社区成员，然后通过这种方式吸引更多的人进入你的私域流量池？

别人都能赚那么多钱，如果你把这些人都吸引到你的微信上来，这些就都成了你后续变现的目标用户。假如你控制了 10 个小区或 20 个小区，那就是一个庞大的人群，接下来你在这个城市能做什么呢？很多想打广告的本地商家会找到你。你可以通过社群打广告的方式赚钱。社群团购作为一种流量入口，能够实现多元化的变现，我们可以在社群里面融入社区团购里面的产品，也可以让大家去团购。

未来企业和个人的第 6 个标配是线上线下店铺。大家都知道新零售，做新零售主要考虑的是什么？我们线上能够让他购买，线下也能够让他购买就可以了。

线上线下店铺主要解决的是信任问题和流量的变现。如果你现在拥有 100 万的受众，那么这些就是你的流量，你如何让他们变现呢？此时，线上线下店铺就解决了流量的变现。

比如，你通过抖音号的运营获得了 100 万的粉丝，那么你在抖音上卖货，这就是线上店铺。如果你在线下也有实体店，你还可以通过拍抖音、在抖音上用 POI（point of interest，兴趣点）给店铺定位，将线上的粉丝吸引到线下来消费。这样，通过线上线下店铺的联动，你就可以实现快速变现了。

最后，笔者要跟大家分享一点，就是爆粉技巧和引流路径到底是什么。

爆粉是通过好的内容，再加上我们的技巧和引诱点来实现的。你想爆粉，你想吸引更多的人，你的引诱点一定要明确，一定要是大家需要的。你想一想，在你的粉丝人群中，大家最需要的点是什么，明白了这个之后，你就可以拿它作为引诱点。

引流路径要如何设置呢？很多时候抖音是不允许直接打广告的，所以你的视频做好后，要把抖音用户引导到你留有微信号的地方。比如，我的抖音号简介上有微信号，我就可以在视频中引导抖音用户去看我的抖音号简介。抖音用户看到之后，如果有需要，就会添加你的微信。这样你就在抖音中打造了一条添加微信的路径。

用户走的路一定是你提前铺设好的，千万不要没有铺设用户的路径就直接去做。你吸引了 1000 个粉丝、10000 个粉丝，却没有吸引一个粉丝到自己微信上，那就是失败的。这也是为什么我们要做爆粉，要做引流路径，要去打造我们的私域流量池的原因。

第 5 章

7 种卖货功能：快速实现账号的营销价值

在抖音中，要想实现账号的营销价值，还得借助一些实用的功能。本章笔者将重点介绍抖音中的卖货功能，帮助抖音电商运营者更好地实现高效地卖货。

学前
提示

要点
展示

- 利用抖音小店提高商品曝光量
- 利用商品分享提供购买途径
- 利用商品橱窗自建抖音店铺
- 利用抖音短视频实现高效卖货
- 利用抖音直播实时卖货带货
- 利用抖音小程序增加卖货渠道
- 利用其他功能提高卖货能力

5.1 利用抖音小店提高商品曝光量

抖音小店是抖音官方大力支持的一种店铺形式，抖音运营者可以开设一个属于自己的抖音小店，并借助抖音平台销售小店商品。本节，笔者就来讲解抖音小店的基础知识和入驻抖音小店的相关技巧，帮助大家快速开家自己的抖音小店。

5.1.1 抖音小店的基础知识

部分运营者可能连抖音小店都不知道，也就更不用说明白抖音小店怎么运营了。下面，笔者就来为大家讲解抖音小店的相关知识，帮助大家增加对抖音小店的了解。

1. 开抖音小店的好处

对于部分运营者来说，开一家抖音小店并不是一件容易的事，不仅需要经历复杂的入驻过程，还需要缴纳一笔保证金。那么，为什么还是有很多人迫不及待地要开抖音小店呢？这主要是因为开抖音小店有以下几个好处。

（1）增加商品的销售渠道

抖音小店实际上就是抖音官方推出的一个销售渠道，运营者开通抖音小店之后，便可以将商品上传至抖音平台上进行销售。也就是说，开通抖音小店之后，商品销售渠道便增加了。而且，抖音小店和其他电商平台的店铺是不冲突的，运营者可以在运营其他店铺的同时，开通自己的抖音小店。

（2）为用户购物提供便利

虽然抖音平台支持销售淘宝、京东等第三方平台的商品，但是对于用户来说，在抖音平台上购买小店的商品更便利一些。这主要是因为第三方平台的商品需要跳转至对应平台进行购买，而抖音小店的商品可以直接在抖音平台上进行购买。

（3）增加商品的曝光量

随着抖音电商的发展，抖音小店与抖音短视频的联系变得更加密切了，用户甚至可以通过抖音 App 查看对应抖音小店中的商品。因此，如果短视频中添加的是抖音小店的商品，那么还可以有效地增加小店中其他商品的曝光量。

具体来说，如果带货短视频中添加的商品来自抖音小店，那么用户点击短视频中的购物车图标和短视频推广标题后，即可进入到商品详情界面，点击弹出的商品详情对话框中的"进店"按钮，如图5-1所示。执行该操作后，即可在抖音小店的"精选"选项卡中，查看该抖音小店推荐的商品，如图5-2所示。这样一来，抖音小店的商品曝光量无疑是得到了增加。

只有抖音小店中的商品，才会在商品详情对话框中显示"进店"按钮。也就是说，进店查看商品是抖音小店的专属权益，第三方平台上的在售商品是无法通过抖音的商品详情页直接查看店铺中其他商品的。

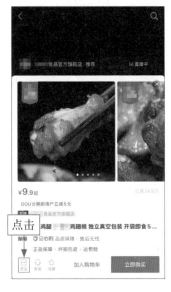

图 5-1 点击"进店"按钮

图 5-2 查看抖音小店的在售商品

（4）更好地为用户服务

通过抖音小店与抖音 App 的连接，运营者可以为用户提供客服咨询入口，从而通过在线沟通为用户提供更好的服务。具体来说，如果带货短视频中添加的是抖音小店中的商品，那么用户点击短视频中的 图标和短视频推广标题，并点击弹出的商品详情对话框中的"客服"按钮，如图 5-3 所示，即可进入聊天界面，如图 5-4 所示，与抖音小店的客服人员进行在线沟通。

图 5-3 点击"客服"按钮

图 5-4 聊天界面

2．查看抖音小店平台的公告

抖音小店平台上会不定期发布一些公告，运营者可以通过以下操作查看公告，及时了解平台给出的相关资讯。

步骤 ⓪1 进入抖音小店官网的"首页"页面，滑动页面，点击"最新资讯"板块中"公告"后方的"查看更多"按钮，如图 5-5 所示。

图 5-5　点击"查看更多"按钮

步骤 ⓪2 执行操作后，即可在"最新资讯"页面的"公告"选项卡中查看已发布公告的标题，如果要查看某个公告，可以单击该公告的标题或封面，如图 5-6 所示。

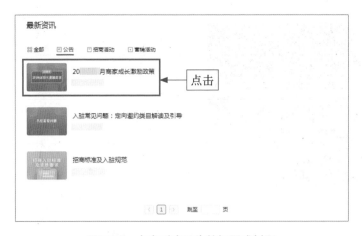

图 5-6　点击对应公告的标题或封面

3．解决运营中遇到的问题

在运营抖音小店的过程中，运营者可能会遇到一些问题。接下来，笔者就为大家介绍解决这些问题的 3 种方法。

（1）查看抖音小店的常见问题

抖音小店平台中提供了常见问题的查看入口，如果大家在注册过程中遇到了问题，可以通过如下步骤寻找问题的答案。

步骤 01 进入抖音小店官网的"首页"页面，单击页面右侧的"常见问题"按钮，如图 5-7 所示。

图 5-7 单击"常见问题"按钮

步骤 02 执行操作后，进入"抖音小店介绍"页面，运营者可以单击左侧导航栏中的按钮，查看对应问题和答案。例如，运营者可以单击导航栏中的"新商家权益"按钮，如图 5-8 所示。

图 5-8 单击"新商家权益"按钮

步骤 03 执行操作后，即可进入"新商家权益"页面，查看相关的问题和答案，如图 5-9 所示。

图 5-9　"新商家权益"页面

（2）联系客服人员进行咨询

在运营抖音小店时，运营者可能会遇到一些自己无法解决的问题，此时便可以通过联系客服人员进行咨询，获得问题的答案。具体来说，运营者可以通过如下步骤咨询抖店运营过程中遇到的问题。

步骤 01　进入抖音小店官网的"首页"页面，单击页面右侧的"联系商服"按钮，如图 5-10 所示。

图 5-10　单击"联系商服"按钮

步骤 02　执行操作后，页面中会弹出"在线客服"对话框，运营者可以选择对话框中要咨询的问题，如图 5-11 所示。

步骤 03　执行操作后，自动发送对应的问题，而在线客服则会给出问题的答案，如图 5-12 所示。

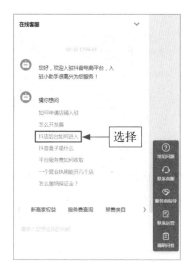

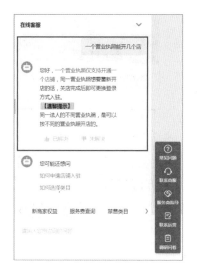

图 5-11　选择要咨询的问题　　**图 5-12　在线客服根据问题给出答案**

（3）获得服务商的指导

运营者可以直接对服务商进行授权，获得相关的指导，具体操作步骤如下。

步骤 01 进入抖音小店官网的"首页"页面，单击页面右侧的"服务商指导"按钮，如图 5-13 所示。

图 5-13　单击"服务商指导"按钮

步骤 02 执行操作后，在弹出的"官方合作服务商指导入驻"对话框中，设置所需服务类型和意向入驻行业；选中"我已阅读并同意《服务商授权声明》"前方的复选框；单击"确认授权"按钮，如图 5-14 所示。

步骤 03 执行操作后，新弹出的对话框中会显示"授权成功"的字样，如图 5-15 所示。完成授权后，运营者只需等待服务商通过短信或电话进行指导即可。

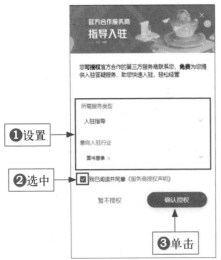

图 5-14　单击"确认授权"按钮　　　图 5-15　显示"授权成功"

4．运营抖音小店的注意事项

为了更加高效、有序地运营抖音小店，运营者需要注意以下运营事项。

（1）上传商品的注意事项

在上传商品时需要注意以下事项，否则商品可能将无法正常上架。

- 不能发布与联系方式相关的信息。在商品详情页中不能发布实体店信息、银行账号、二维码、非平台链接和水印等联系方式。
- 不能发布违法违规内容。商品详情页中的信息需符合国家法律法规的相关规定，如果夹杂了违法违规的内容将无法通过平台的审核。
- 详情页中要展示商品的详细信息。通常来说，商品详情页中要列出商品的品牌、名称、生产厂商、厂址、许可证编码、生产日期、尺寸、重量、保质期和使用方法等信息。
- 正确选择商品的类目。商家要根据上传的营业执照信息选择类目并上传商品，与规定类目不一致的商品将无法完成上架。

（2）运营抖音小店特殊类目的注意事项

如果运营者在抖音小店销售酒类、生鲜、珠宝文玩、本地特产、陶瓷、茶叶、二手奢侈品和二手数码产品等特殊类目的商品，需要先向平台报白（即申报白名单，获得销售的权限）。否则，运营者将无法上架这些特殊类目的商品。

（3）运营抖音小店的其他注意事项

除了上述这些事项之外，在运营抖音小店时还需要注意一些其他事项。例如，要为用户提供优质的商品和良好的服务，将店铺评分维持在较高的水平。如果店铺评分太低，抖音小店可能会受到关闭店铺的处罚。

5.1.2 入驻抖音小店的步骤

运营者可以直接通过电脑端入驻抖音小店，开一家属于自己的店铺。下面笔者就来为大家具体介绍抖音小店的电脑端入驻流程。

1. 步骤1：了解入驻资料

在正式开启入驻之前，运营者需要先查看入驻资料，并根据自身要入驻的账号类型准备好资料，这样可以有效地节约入驻的时间，查看方法具体如下。

步骤 01 进入抖音小店官网的"首页"页面，❶单击页面中的"入驻材料与费用"按钮，即可看到"入驻材料与费用"板块；❷在该板块中选择开店主体和店铺类型；❸单击下方的"查询"按钮，如图5-16所示。

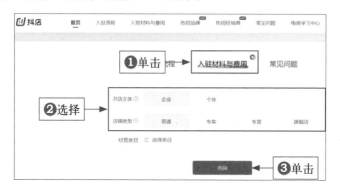

图 5-16 单击"查询"按钮

步骤 02 执行操作后，即可在弹出的"入驻所需材料、费用"页面中，查看具体账号类型所需的入驻材料、费用，如图5-17所示。

图 5-17 "入驻所需材料、费用"页面

另外，依次单击图 5-17 中的 3 个"展示更多"按钮，还可以查看基础资质的完整内容，如图 5-18 所示。

图 5-18　查看基础资质的完整内容

2．步骤 2：使用抖音号登录

了解并准备好账号入驻所需的材料之后，运营者便可以通过如下操作，使用抖音号入驻抖音小店了。

步骤 01 进入抖音小店官网的"首页"页面，单击"其他入驻方式"中的"抖音入驻"按钮，如图 5-19 所示。

图 5-19　单击"抖音入驻"按钮

步骤 02 执行该操作后，进入"抖音"页面，该页面中会出现一个二维码，如图 5-20 所示，运营者需要进入抖音 App 的推荐界面中扫描该二维码，扫描成功后进入授权界面，同意授权后即可完成使用抖音号登录抖音小店平台。

图 5-20　"抖音"登录页面

3. 步骤 3：选择主体类型

登录抖音小店平台之后，会自动跳转至"请选择主体类型"页面，如图 5-21 所示，运营者需要在该页面中根据自身需要选择合适的主体类型（即单击对应主体类型下方的"立即入驻"按钮）。

图 5-21　"请选择主体类型"页面

4. 步骤 4：填写主体信息

单击对应主体类型下方的"立即入驻"按钮之后，会自动跳转至"01. 填写主体信息"页面。运营者需要按照要求上传营业证件和相关人员的身份证件图片。

当然，选择的账号主体不同，"01. 填写主体信息"页面中要填写的信息也不同。例如，企业 / 公司类主体需要填写的主体信息包括营业证件信息和法定代表人信息。图 5-22 所示为企业 / 公司类主体需要填写的部分主体信息。

图 5-22　企业 / 公司类主体需要填写的部分主体信息

5．步骤 5：填写店铺信息

单击图 5-22 中的"下一步"按钮，进入"02. 填写店铺信息"页面。运营者需在该页面中填写店铺的基本信息、经营类目和管理人信息等相关内容，如图 5-23所示。

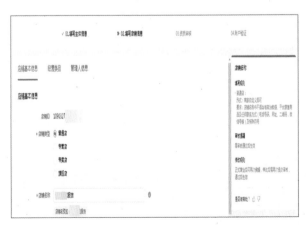

图 5-23　"02. 填写店铺信息"页面

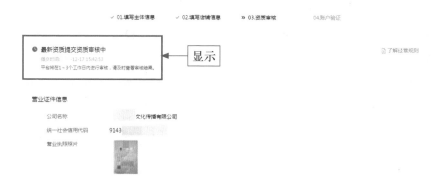

图 5-23　"02.填写店铺信息"页面（续）

6. 步骤6：进行资质审核

运营者根据需要填写店铺信息，并单击图 5-23 中的"提交审核"按钮之后，会自动进入"03.资质审核"页面，并且页面中会显示"最新资质提交资质审核中"，如图 5-24 所示。

图 5-24　显示"最新资质提交资质审核中"

系统完成审核之后，如果填写的信息有问题，那么页面中会显示"审核未通过"，如图 5-25 所示。此时，运营者可以单击页面中的"编辑"按钮，根据未审核通过的原因，对相关信息进行调整，并再次申请审核，直至审核通过。

7. 步骤7：进行账户验证

审核通过之后，会自动跳转至"04.账户验证"页面，如图 5-26 所示。运营者需要根据页面提示填写相关信息，进行账户验证。账户验证成功之后，会自动跳转至抖音小店后台的"首页"页面。

图 5-25　显示"审核未通过"

图 5-26　"04.账户验证"页面

8. 步骤 8：缴纳保证金

首次进入抖音小店后台时，"首页"页面中会出现缴纳保证金的提示信息。运营者可以通过以下步骤，缴纳保证金，完成抖音小店的入驻。

步骤 01　进入抖音小店后台的"首页"页面，单击页面中的"缴纳保证金"按钮，如图 5-27 所示。

步骤 02　执行操作后，进入"保证金"页面，单击页面中的"充值"按钮，如图 5-28 所示。

步骤 03　执行操作后，会弹出"充值保证金"对话框，在该对话框中输入充值金额；单击"充值"按钮，如图 5-29 所示。

步骤 04　执行操作后，进入"请选择支付方式"页面。运营者只需根据提示进行操作，便可以完成保证金的缴纳。在保证金缴纳完成后，即可完成整个入驻流程。

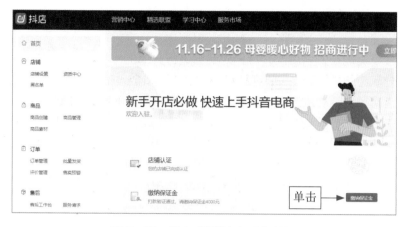

图 5-27　单击"缴纳保证金"按钮

图 5-28　单击"充值"按钮

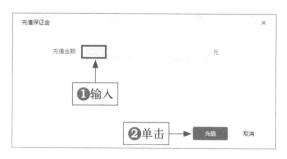

图 5-29　单击"充值"按钮

5.2　商品分享，提供购买途径

对于运营者来说，增加商品的销售量是关键。通常来说，要增加商品的销售量，提供便捷的购买方式至关重要。在抖音中，就有一个为用户购买商品提供极大便利

的功能，那就是商品分享功能。本节，笔者将重点对开通抖音商品分享功能的相关
问题进行解读。

商品分享功能，顾名思义，就是对商品进行分享的一种功能。在抖音平台中，
开通商品分享功能之后，便可以在抖音视频、直播和个人主页界面对商品进行分享。
并且，开通商品分享功能之后，运营者还可以拥有自己的"商品橱窗"。

抖音中的商品分享功能相当于是一个超链接，运营者可以通过路径的设置，借
助商品分享功能，将用户引导至商品购买页面。如果其他抖音用户看到视频和直播
之后，对视频和直播中的商品感兴趣，便会通过商品分享功能快速完成购买。这无
疑能够对抖商的店铺销售提高起到极大的促进作用。

抖音 App 中的商品分享功能主要有两种呈现形式：一是以文字加购物车的形
式呈现；二是以图片加文字的小卡片形式呈现，如图 5-30 所示。一般来说，对于
同一个抖音短视频，抖音用户第一次看时，商品分享功能会以第一种方式呈现；而
如果抖音用户重复观看短视频，则商品分享功能将以第二种方式呈现。

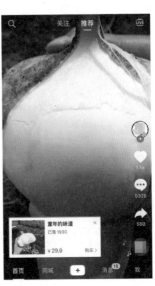

图 5-30　商品分享功能的呈现方式

5.2.1　开通商品分享的好处

为什么要开通商品分享功能呢？这主要是因为开通该功能之后，有许多好处，
其中最直接的好处就是可以拥有个人商品橱窗、能够通过分享商品赚钱。

1. 可以拥有个人商品橱窗

个人商品橱窗就像是一个开设在抖音上的店铺，抖音运营者可以对商品橱窗中
的商品进行管理，而其他抖音用户则可以点击商品橱窗中的商品进行购买。对于运

营者来说，个人商品橱窗可以说是必须要开通的一个功能。关于个人商品橱窗的相关内容，笔者将在本章的 5.3 节中进行重点讲解，这里就不赘述了。

2. 能够通过分享商品赚钱

在抖音平台中，电商销售商品最直接的一种方式就是通过分享商品链接，为抖音用户提供一个购买的通道。对于运营者来说，无论分享的是自己店铺的商品，还是他人店铺的商品，只要商品卖出去了，就能赚到钱。而要想分享商品，就必须要开通商品分享功能。

5.2.2 如何开通商品分享功能

既然商品分享功能这么重要，那么如何在抖音平台开通商品分享功能呢？具体操作步骤如下。

步骤 01 登录抖音 App，点击 按钮；在弹出的选项栏中，选择"创作者服务中心"选项，如图 5-31 所示。

步骤 02 操作完成后，进入如图 5-32 所示的创作者服务中心界面，选择界面中的"商品分享功能"选项。

图 5-31 选择"创作者服务中心"选项　　图 5-32 选择"商品分享功能"选项

步骤 03 进入"商品分享功能"界面，可以看到要开通商品分享功能需要进行实名认证，点击界面中的"认证"按钮，如图 5-33 所示。

步骤 04 操作完成后，进入如图 5-34 所示的"实名认证"界面，❶在界面中输入姓名和身份证号码；❷点击"开始认证"按钮。

步骤 05 操作完成后，进入资料填写界面。❶在该界面中填写手机号、微信号和所卖商品类目等信息；❷点击"提交"按钮，如图 5-35 所示。

图 5-33 点击"认证"按钮

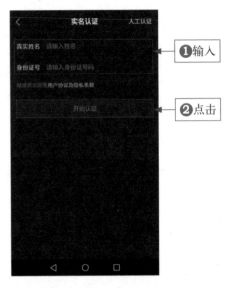

图 5-34 "实名认证"界面

步骤 06 操作完成后，如果接下来页面中显示"审核中…"的字样，就说明商品分享功能申请成功提交了，如图 5-36 所示。

图 5-35 点击"提交"按钮

图 5-36 商品分享功能申请成功提交

步骤 07 申请提交之后，抖音平台会对申请资料进行审核，如果审核通过了，便可以收到一条来自购物助手的消息。

5.2.3 开通后的注意事项

商品分享功能审核通过之后，运营者收到的信息中，除了告知审核通过之外，还会告知商品分享功能开通后 10 天之内，必须在商品橱窗中加入 10 种商品，否则该权限将被收回。

也就是说，运营者开通商品分享功能之后，必须抓紧时间先在商品橱窗中添加足够多的商品，做好开启抖音电商的准备。如果在限定时间内添加的商品数量达不到要求，运营者要想使用商品分享功能就只能再次进行申请了。

除此之外，商品分享功能开通之后要不时地使用一下，如果超过两个星期未使用商品分享功能，系统将关闭商品分享橱窗。

5.3 商品橱窗，自建抖音店铺

抖音商品橱窗，顾名思义，就是抖音 App 中用于展示商品的一个界面，或者说是一个集中展示商品的功能。商品分享功能成功开通之后，抖音个人账号主页界面中将出现"商品橱窗"的入口，如图 5-37 所示。

另外，初次使用"抖音橱窗"功能时，系统会要求开通电商功能。其具体操作为点击个人主页界面中的"商品橱窗"按钮，进入图 5-38 所示的"开通电商功能"界面。

图 5-37 "商品橱窗"入口

图 5-38 "开通电商功能"界面

向上滑动屏幕，阅读协议的相关内容，确认没有问题之后，点击下方的"我已阅读并同意"按钮，如图 5-39 所示。操作完成之后，如果显示"恭喜你已开通抖音商品推广功能！"的字样，就说明电商功能开通成功了，如图 5-40 所示。

图 5-39 点击"我已阅读并同意"按钮　　图 5-40 电商功能开通成功

对于运营者来说，商品橱窗就是一个集中分享商品的平台。运营者一定要运用好商品橱窗功能，积极地引导其他抖音用户进店消费，提高账号的卖货、带货能力。

5.3.1 橱窗中商品的调整

商品分享功能和电商功能开通之后，运营者便可以开始对商品橱窗中的商品进行调整了。通常来说，商品橱窗的商品调整主要可以分为 3 个部分，即添加商品、删除商品和商品分类。下面，笔者就来分别进行说明。

1. 添加商品

对于运营者来说，在商品橱窗中添加商品非常关键，因为添加商品的任务如果 10 天内没有完成，相关权限就会被收回。那么，如何在商品橱窗中添加商品呢？具体操作如下。

步骤 01 登录抖音 App，点击个人主页中的"商品橱窗"按钮，进入"商品橱窗"界面，点击界面中的"橱窗管理"按钮，如图 5-41 所示。

步骤 02 进入"商品橱窗管理"界面，点击左下方的"添加商品"按钮，如图 5-42 所示。

步骤 03 进入"添加商品"界面，如图 5-43 所示，在该界面中抖音账号运营者可以通过搜索或添加商品链接的方式，添加商品。接下来，笔者就以搜索商品为例进行说明。

图 5-41　点击"橱窗管理"按钮　　　　图 5-42　点击"添加商品"按钮

步骤 04　在搜索栏中输入商品名称（如"手机短视频拍摄"），点击对应商品后方的"加橱窗"按钮，如图 5-44 所示。

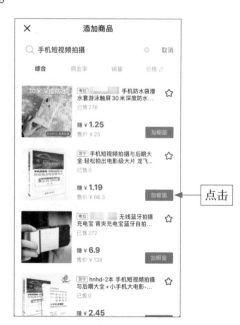

图 5-43　"添加商品"界面　　　　图 5-44　点击"加橱窗"按钮

步骤 05　进入"编辑商品"界面，在界面中输入商品的相关信息，信息编辑完成后点击"完成编辑"按钮，如图 5-45 所示。

步骤 06 操作完成后，进入"商品橱窗管理"界面，如果界面中显示"全部商品：1"，并且界面中出现刚刚添加的商品信息，就说明商品添加成功了，如图 5-46 所示。

图 5-45 点击"完成编辑"按钮　　图 5-46 商品添加成功

运营者可以根据该方法添加商品，当添加的商品数量达到 10 件时，如果运营者收到一条完成新手任务的消息，就说明添加 10 件商品到商品橱窗的任务完成了，如图 5-47 所示。

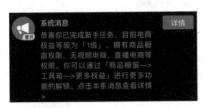

图 5-47 完成新手任务

2．删除商品

当商品橱窗中的商品缺货了，或者觉得商品橱窗中的某些商品不适合再销售时，运营者就需要进行删除商品的操作了。那么，如何删除商品橱窗中的商品呢？具体操作步骤如下。

步骤 01 登录抖音 App，进入"商品橱窗管理"界面，❶选中商品；❷点击上方的"移除"按钮，如图 5-48 所示。

步骤 02 操作完成后，弹出"移除商品"对话框，点击对话框中的"确定"按钮，如图 5-49 所示。

图 5-48 点击"移除"按钮　　　图 5-49 点击"确定"按钮

步骤 03 操作完成后，进入"商品橱窗管理"界面，如果界面中不再显示刚刚进行移除操作的商品，就说明商品移除成功了，如图 5-50 所示。

图 5-50 商品移除成功

3．商品分类

当添加的商品种类比较多时，为了对商品进行有序的管理，运营者可以进行商品分类管理。在抖音商品橱窗中，商品分类管理的具体操作如下。

步骤 01 添加商品时，运营者可以在"编辑商品"界面，点击"选择分类"按钮，如图 5-51 所示。

步骤 02 操作完成后，进入"分类至"界面，点击界面下方的"新建分类"按钮，如图 5-52 所示。

图 5-51 点击"选择分类"按钮

图 5-52 点击"新建分类"按钮

步骤 03 操作完成后，界面中将弹出"商品分类"对话框。在对话框中，❶输入商品类别名称；❷点击"确定"按钮，如图 5-53 所示。

步骤 04 操作完成后，在"分类至"界面中将出现对应的商品类别，❶选择商品需要加入的类别；❷点击"完成"按钮，如图 5-54 所示。

图 5-53 点击"确定"按钮

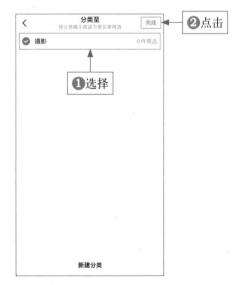

图 5-54 点击"完成"按钮

步骤 05 操作完成后，点击"商品橱窗管理"界面中的"管理分类"按钮，如图 5-55 所示。

步骤 06 操作完成后，进入"管理分类"界面，如图 5-56 所示。

图 5-55 点击"管理分类"按钮　　**图 5-56 "管理分类"界面**

步骤 07 点击商品刚加入的类别，即可进入该类别界面，看到商品的封面、标题等信息，如图 5-57 所示。至此，商品分类便完成了。

图 5-57 对应商品类别界面

抖音商品橱窗还可对已分的类别进行相关的操作，接下来，笔者就对删除商品类别的相关操作进行简单说明。

步骤 01 进入"管理分类"界面，点击"编辑分类"按钮，如图 5-58 所示。

步骤 02 操作完成后，进入"编辑分类"界面，❶点击需要删除的商品类别后方的 ⋯ 按钮；❷在弹出的菜单中，点击"删除"按钮，如图 5-59 所示。

图 5-58　点击"编辑分类"按钮

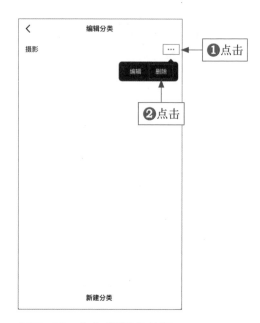

图 5-59　点击"删除"按钮

步骤 03　操作完成后，将弹出"确认删除该分类"对话框，点击该对话框中的"确定"按钮，如图 5-60 所示。

步骤 04　操作完成后，将显示"删除成功"，如图 5-61 所示。与此同时，对应的商品类别将从"编辑分类"界面中消失。

图 5-60　点击"确定"按钮

图 5-61　显示"删除成功"

5.3.2　商品橱窗的禁售品类

抖音官方平台对禁止分享和销售的商品类别已经进行了公示。同时，为了更好地规范抖音电商，避免抖音电商分享、销售禁售类目中的商品，抖音官方针对违规行为给出了对应的处罚，如图 5-62 所示。

- 违规行为：人工排查时发现禁售商品 1 次
- 处罚：关闭该内容的购物车功能

- 违规行为：排查到的涉嫌发布前述商品且情节严重的（包含橱窗内禁售商品达 50%（含）以上或 2 次管理购物车功能后依然存在禁售商品售卖的商品）
- 处罚：永久关闭该账号橱窗分享功能

- 违规行为：重复发布违规商品或信息或通过任何方式规避各类管理措施的商品
- 处罚：永久关闭该账号橱窗分享功能

图 5-62　违规处理

从图 5-62 中可以看得出来，一旦发现违规行为，轻则关闭禁售商品的购物车功能，重则永久关闭对应账号的橱窗分享功能。所以，运营者在添加商品橱窗的商品时，最好不要抱着侥幸心理，否则一经发现违规问题，就得不偿失了。

抖音禁止分享和销售的商品主要分为 13 个大类，内容如图 5-63 至图 5-75 所示。

（一）仿真枪、军警用品、危险武器类

① 枪支、弹药、军火及仿制品
② 可致使他人暂时失去反抗能力，对他人身体造成重大伤害的管制器具
③ 枪支、弹药、军火的相关器材、配件、附属产品，及仿制品的衍生工艺品等
④ 安防、警用、军用制服、标志、设备及制品
⑤ 管制类刀具、弓弩配件及飞镖等可能用于危害他人人身安全的管制器具

图 5-63　仿真枪、军警用品、危险武器类

（二）易燃易爆、有毒化学品、毒品类

① 易燃、易爆物品，如火药等
② 毒品、制毒原料、制毒化学品及致瘾性药物
③ 国家禁止生产、经营、使用的危险化学品
④ 毒品吸食工具及配件
⑤ 介绍制作易燃易爆方法的相关教程、书籍
⑥ 农业部发布的禁用限用类农药
⑦ 烟花爆竹和烟花爆竹燃放装置

图 5-64　易燃易爆、有毒化学品、毒品类

（三）反动等破坏性信息类

❶ 含有反动、破坏国家统一、破坏主权及领土完整、破坏社会稳定、涉及国家机密、扰乱社会秩序，宣扬邪教迷信，宣扬宗教、种族歧视等信息，或法律法规禁止出版发行及销售的书籍、音像制品、视频、文件资料等

❷ 偷电设备、蹭网卡、蹭网器、拨号器、破网、翻墙软件及 vpn 代理服务等

❸ 存在扣费项目不明确、恶意扣费、暗设扣费程序等任何损害用户权益的情况，或含有盗号、窃取密码等恶意程序的产品

❹ 不适宜在国内出版发行、销售的涉政刊物及收藏性的涉密书籍、音像制品、视频、文件资料等

❺ 国家禁止的集邮票品以及未经邮政行业管理部门批准制作的集邮品，以及一九四九年之后发行的包含"中华民国"字样的邮票

❻ 带有宗教、种族歧视的相关商品或信息

❼ 反动等含有破坏性信息的产品和服务，如不适宜在国内发行的涉政书刊及收藏性的涉密书籍、音像制品，诈骗网站

图 5-65　反动等破坏性信息类

（四）色情低俗、催情用品类

❶ 含有色情淫秽内容的音像制品及视频、色情陪聊服务、成人网站论坛的账号 / 邀请码或其他淫秽物品

❷ 可致使他人暂时失去抗能力、意识模糊的口服或外用的催情类商品及人造处女膜等

❸ 用于传播色情信息的软件、种子文件、网盘资源及图片，含有情色、暴力、低俗内容的音像制品，原味内衣及相关产品，含有未成年人色情内容的图片、写真视频等

❹ 含有情色、暴力、低俗内容的动漫、读物、游戏和图片等

❺ 网络低俗产物

图 5-66　色情低俗、催情用品类

（五）涉及人身安全、隐私类

❶ 用于监听、窃取隐私、泄露个人私密资料、手机监听器或窃密的软件及设备等

❷ 用于非法摄像、录音、取证等用途的设备等

❸ 身份证、护照、社会保障卡等依法可用于身份证明的证件等

❹ 盗取或破解账号密码的软件、工具、教程及产物等

❺ 个人隐私信息及企业内部数据，提供个人手机定位、电话清单查询、银行账户查询等服务

❻ 汽车安全带扣等具有交通安全隐患的汽车配件类商品等

❼ 已报废、达到国家强制报废标准、非法拼装或非法所得等国家法律法规明令禁止经营的车辆及其"五大总成"等

❽ 载人航空器、航空配件、模型图纸类商品

图 5-67　涉及人身安全、隐私类

（六）药品、医疗器械、保健品类

❶ 一、二、三类医疗器械

❷ OTC 药品及处方药

❸ 保健品

❹ 医疗服务

❺ 所有用于预防、治疗人体疾病的国产药品；所有用于预防、治疗人体疾病的外国药品

❻ 未经药品监督管理部门批准生产、进口或未经检验即销售的医疗器械；其他用于预防、治疗、诊断人体疾病的医疗器械

❼ 依据《中华人民共和国药品管理法》认定的假药、劣药

❽ 兽药监督部门专项行政许可的兽药处方药和非处方药目录药品；国家公示查处的兽药；兽药监督管理部门禁止生产、使用的兽药

图 5-68　药品、医疗器械、保健品类

（七）非法服务、票证类

❶ 伪造变造国家机关或特定机构颁发的文件、证书、公章、防伪标签等，非法或仅限国家机关或特定机构方可提供的服务

❷ 抽奖类商品

❸ 尚可使用或用于报销的票据（及服务），尚可使用的外贸单证以及代理报关、清单、商检、单证手续的服务

❹ 未公开发行的国家级正式考试答案，考试替考服务

❺ 代写论文等相关服务

❻ 对消费者进行欺骗性销售诱导、排除或限制消费者合法权益的服务

❼ 汽车类违规代办服务

❽ 网站备案、亲子鉴定、胎儿鉴定等服务

❾ 票、基金、保险、股票、贷款、投资理财、证券等服务

❿ 法律咨询、心理咨询、金融咨询、医疗及健康相关服务

⓫ 规避合法出入境流程的商品及服务

⓬ 违反公序良俗、封建迷信类的商品及服务

⓭ 实际入住人无需经过酒店实名登记便可入住的酒店类商品或服务

⓮ 未取得跟团游、出境游、签证等业务相关经营资质的商品及服务

图 5-69　非法服务、票证类

（八）动植物、动植物器官及动物捕杀工具类

❶ 人体器官、遗体

❷ 国家保护野生动植物

❸ 严重危害人畜安全的动物捕杀设备或配件以及其他动物捕杀工具

❹ 猫狗肉、猫狗皮毛、鱼翅、熊胆及其制品，其他有违公益或对当地生态系统可能造成重大破坏的生物物种及其制品

❺ 人类遗传资源材料清单查询、银行账户查询等服务

❻ 宠物活体

• 补充说明：

 ◦ 野生动物：包括国家立法保护的、有益的或者有重要经济、科学研究价值的陆生野生动物、世界＼国家保护类动物和濒危动物的活体、内脏、任何肢体、皮毛、标本或其他制品（比如象牙和玳瑁类制品），已灭绝动物与现有国家二级以上保护动物的化石。

 ◦ 野生植物：被列入世界＼国家保护类植物清单的、法律禁止不得销售的植物，或植物产品；国家保护类植物活体（树苗除外）。

图 5-70　动植物、动植物器官及动物捕杀工具类

（九）涉及盗取等非法所得及非法用途软件、工具或设备类

❶ 走私、盗窃、抢劫等非法所得

❷ 赌博用具、考试作弊工具、汽车跑表器材等非法用途工具

❸ 卫星信号收发装置及软件，用于无线电信号屏蔽的仪器或设备

❹ 撬锁工具、开锁服务及其相关教程、书籍等

❺ 一卡多号，有蹭网功能的无线网卡以及描述信息中有告知会员能用于蹭网的设备

❻ 涉嫌欺诈等非法用途的软件、工具及服务

❼ 可能用于逃避交通管理的商品

❽ 利用电话线路上的直流馈电发光的灯

❾ 群发设备、软件及服务

❿ 外挂软件、作弊软件等不正当竞争工具或软件

⓫ 秒杀器以及用于提高秒杀成功概率的相关软件或服务

⓬ 涉嫌侵犯其他公司或个人利益的手机破解类商品或服务

⓭ 妨害交通安全秩序的产品

图 5-71　涉及盗取等非法所得及非法用途软件、工具或设备类

（十）未经允许、违反国家行政法规或不适合交易的商品

❶ 伪造变造的货币以及印制设备

❷ 正在流通的人民币及仿制人民币（第四、五套人民币）

❸ 涉嫌违反《中华人民共和国文物保护法》相关规定的文物

❹ 烟草专卖品及烟草专用机械

❺ 依法应当经行政部门批准或备案后销售商品，未经相关行政部门批准或备案

❻ 未取得营业执照或电信网络代理资质销售运营商通讯类产品

❼ 已激活的手机卡、上网卡等违反国家实名制规定的商品

❽ 未经许可发布的奥林匹克运动会、世界博览会、亚洲运动会等特许商品

❾ 国家机关制服及相关配件类商品

⑩ 未经授权的国家领导人相关的信息或商品

⑪ 军需、国家机关专供、特供等商品

⑫ 国家补助或无偿发放的不得私自转让的商品

⑬ 大量流通中的外币及外币兑换服务

⑭ POS 机（包括 MPOS）、刷卡器等受理终端

⑮ 邮局包裹、EMS 专递、快递等物流单据凭证及单号

⑯ 内部资料性出版物

⑰ 境外出版物代购类商品或服务

⑱ 非法传销类商品

⑲ 国家明令淘汰或停止销售的书籍类商品

⑳ 其他法律法规等规定文件中禁止销售的商品

• 补充说明：

 ◦ 香烟、烟盒、烟标等，包括电子香烟和戒烟产品。

 ◦ 烟草替代品及辅助工具、无烟烟草制品（如电子烟、IQOS、鼻烟）。* 烟草企业宣传。

 ◦ 烟草企业宣传。

 ◦ 食用盐。

图 5-72　未经允许、违反国家行政法规或不适合交易的商品

（十一）虚拟类

❶ 比特币、莱特币、高利贷、私人贷款、贷款推广等互联网虚拟币以及相关商品

❷ 网络游戏、游戏点卡、货币等相关服务类商品

❸ 外挂、私服相关的网游类商品

❹ 游戏点卡或平台类商品

❺ 网络账户死保账号或存在交易风险的腾讯 QQ 账号、iTunes 账号、百度账号以及视频类网站账号等账号类商品

❻ 炒作博客人气、炒作网站人气、代投票类商品或信息

❼ 航空公司的积分和里程，航空公司积分／里程兑换的机票；各航司下发文件规定的不合格机票

❽ 酒店类商品或服务、跟团游、出境游、签证等业务的商品及服务

❾ 未经平台许可的可用于兑换商品实物或服务的定额卡券、储值卡券、储值服务或将购买款项分期返还的交易

❿ 官方已停止经营的游戏点卡或平台卡商品

⓫ 以支付、社交、媒体为主要功能的互联网用户账号类商品

⓬ 第三方支付平台代付、信用卡代刷类服务及其他违反《关于办妨害信用卡管理刑事案件具体应用法律若干问题的解释》相关规定的商品或服务

⓭ 不可查询的分期返还话费类商品

⓮ 时间不可查询的以及被称为漏洞卡、集团卡、内部卡、测试卡的上网资费卡或资费套餐及 SIM 卡

⓯ 慢充卡等实际无法在七十二小时内购到的虚拟商品

⓰ SP 业务自清费类商品

⓱ 时间不可查询的虚拟服务类商品

⓲ 手机直拨卡与直拨业务、电话回拨卡与回拨业务

图 5-73　虚拟类

（十二）舆情重点监控类

❶ 近期媒体曝光的商品

❷ 由不具备生产资质的生产商生产的，或不符合国家、地方、行业、企业强制性标准，或不符合抖音平台规则规定的商品，经权威质检部门或生产商认定、公布召回的商品，国家明令淘汰或停止销售的商品，过期、失效、变质的商品，以及含有罂粟籽的食品、调味品、护肤品等制成品

❸ 经权威质检部门或生产商认定、公布或召回的商品，国家明令淘汰或停止销售的商品，过期、失效、变质的商品，以及含有罂粟籽的食品、调味品、护肤品等制成品

❹ 存在制假风险的品牌配件类商品

❺ 商品本身或外包装上所注明的产品标准、认证标志、生产商信息、材质成份及含量等不符合国家规定的商品

❻ 公益资助贫困儿童 / 领养动物 / 保护野生动物（无法核实真实性）

❼ 违禁工艺品、收藏类品

❽ 食药监局明令禁止的商品

❾ 车载音乐 U 盘

图 5-74　舆情重点监控类

（十三）不符合平台风格的商品

❶ 分销、招代理、招商加盟、店铺买卖

❷ 国内 / 海外投资房产、炒房

❸ 高仿类

❹ 殡葬用品、用具、存放、投资等

❺ 二手类：二手汽车、二手手机、二手 3C 数码产品等

❻ 卫生巾、内衣、丝袜、灭鼠器

❼ 白酒

❽ 其他与抖音平台风格不符合的商品

• 补充说明：

高仿类：
  ◦ 外观侵权、商标侵权及假冒伪劣产品。
  ◦ 疑似假货 & 假货类。
  ◦ 如耐克、阿迪、gucci、coach 等知名品牌；手表、箱包等奢侈品品类等。

图 5-75　不符合平台风格的商品

5.4　利用抖音短视频实现高效卖货

抖音短视频平台最初的定位就是一个用户分享短视频的平台，而大多数用户之所以登录抖音短视频平台，就是希望能看到有趣的短视频。正因为如此，短视频成为抖音带货的主要载体，如果能够利用好短视频，就能让产品获得不错的销量。

那么，如何利用抖音短视频进行带货呢？本节，笔者将重点对 5 种抖音短视频的带货技巧进行解读。

5.4.1　吸引异性粉丝消费

男性和女性用户看待同一个问题的角度有时候可能会有一些差异，可能某一事物对男性来说并没有多大的吸引力，却能让女性尖叫。而善用异性相吸的原则，则可以在增强内容针对性的同时，提高内容对目标用户的吸引力。

抖音短视频中使用异性相吸原则，通常就是以真人出镜，用短视频中的美女吸引男性用户，或者用短视频中的帅哥吸引女性用户。采用这种方式的短视频，通常能获得不错的流量，但如果短视频中产品自身的吸引力不够，销量可能还是难以保障。

在笔者看来，除了上面这种方式之外，还有另一种异性相吸，那就是让用户购买异性才会用到的产品，让用户看到该产品对于异性的价值，从而让用户愿意将产品作为礼物送给异性。

这种异性相吸原则的使用，关键就在于让用户看到产品对异性的价值，以及异性在收到礼物之后的反应。如果用户觉得产品对异性朋友来说很有用处，或者送出该产品能暖到异性的心，那用户自然会愿意购买产品。

图 5-76 所示为一则关于推荐女性用品的短视频，可以看到该视频就是采用异性相吸原则，将产品打造成男性送给女朋友的优质礼物来促进产品销售的。

图 5-76　推荐女性用品的短视频

5.4.2　针对核心群体营销

虽然目标受众的基数越大，接收信息的人数就可能越多，但这并不代表广泛宣传获得的营销效果就一定越好。

为什么这么说呢？这其实很好理解，因为购买产品的只是那些对产品有需求的受众群体，如果运营者没有针对有需求的受众群体进行营销，而是花大量时间进行广泛宣传，那很可能就会因为对核心受众群体把握不准而难以达到预期的营销效果。

在笔者看来，有时候与其将产品进行广泛宣传，一味地扩大产品的受众群体，倒不如对产品进行分析，找出核心受众群体，然后针对核心受众群体进行营销。这不仅能增强营销的针对性，也能让核心受众群体一眼就看到该产品对自己的用处。

图 5-77 所示为点出核心受众群体的短视频示例，让目标群体看到产品的用处，从而拉动产品的销售。

5.4.3　变直接卖货为推荐

越来越多人开始对广告，特别是对硬广告产生抵触情绪。部分人在看到硬广告之后，不仅不会有购买该商品的意愿，甚至还会因为对硬广告的厌恶，直接拉黑推出硬广告的品牌，不再购买该品牌的产品。

其实，硬广告就是为了营销，如果换一种方式，取得的效果可能会存在较大的差异。比如，运营者用好物推荐的角度进行营销，让用户看到产品的用处，从而让用户因为产品好用而进行购买。图 5-78 所示的抖音短视频就是采用的这种方式。

图 5-77　点出核心受众群体类的短视频示例

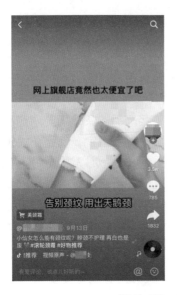

图 5-78　好物推荐类短视频

5.4.4　提前进行预售种草

在产品还未正式上线时，许多运营者都会先通过预售种草，提高目标消费群体的关注度。在抖音中，运营者也可以通过两种预售种草形式促进产品的推广。

抖音短视频主要由画面和声音两个部分组成，运营者可以针对这两个部分分别进行预售种草。画面部分，运营者可以让预售的相关文字出现在画面中，如图5-79所示；声音部分，运营者可以通过口播的方式向用户传达产品信息，增强产品对受众的吸引力，实现预售种草。

消费者是趋利的，许多消费者为了买到更便宜的产品会货比三家。所以，当运营者在抖音中发布预售信息时，消费者很可能会对商品的价值进行一个评估。此时，如果在预售中给出一定优惠，消费者就会觉得已经便宜了不少，在他们看来产品自然也就更值得购买了。

图5-80所示为抖音中预售产品的短视频案例，用户可以看到，该短视频中是以5盒以上9折，10盒以上85折的优惠进行预售的，优惠力度相对来说比较大。因此，当用户在看到这个视频时，自然会认为此时下手购买是比较划得来的。

图 5-79　通过文字进行预售种草　　　　图 5-80　以优惠折扣进行预售种草

5.4.5　刺激目标受众需求

要想一款产品获得较为可观的销量，就必须刺激消费者的需求，让消费者在看到产品的价值之后，更愿意花钱购买。

我们经常可以看到一些整体都差不多的产品，在不同店铺的销量却有比较大的差异。这是为什么呢？当然，这可能与店铺的粉丝量有一定的关系，那么有的店铺粉丝量差距也不大，同样产品的销量差异却比较大，这又是什么原因呢？

其实，除了店铺自身的粉丝量之外，一款产品的销量，还有在很大程度上受到店铺宣传推广的影响。如果运营者能够在抖音短视频中刺激目标受众的需求，产品的销量自然会更有保障。

　　那么，怎么刺激目标受众的需求呢？笔者认为关键就在于通过短视频的展示，让抖音用户看到产品的用处，觉得这款产品确实值得购买。

　　图5-81所示为某儿童玩具产品的短视频，可以看到该短视频就是通过表达"有该玩具之后，孩子不会再抢家长的手机"来刺激家长们的需求。

图5-81　某儿童玩具产品刺激目标受众需求的短视频

5.5　利用抖音直播实时卖货带货

　　近几年，直播行业快速发展，许多人也热衷于看直播。抖音短视频虽然以短视频为主，但也推出了直播功能，并且抖音对于直播的重视程度也越来越高。在这种情况下，如果运营者能够充分发挥直播的带货能力，便能为产品带来不错的销量。如何充分地发挥直播的带货能力呢？本节笔者将进行具体的说明。

5.5.1　为什么要做直播

　　为什么要做抖音直播？我认为主要是因为直播有5个好处。

　　（1）抖音直播可以强化个人IP。因为平时所发的短视频都是你自己制作的内容，并不一定是一个人原始状态的真实展现，但抖音直播可能是不加修饰的、原生态的生活场景，这个时候就能让粉丝感受到你的性格特征。如果你的直播和平时所做的内容相吻合，就强化了粉丝的黏性。

　　（2）提高粉丝数量。直播的次数越多，被看到的机会也就越多，如果你直播的内容非常有趣，而且个人人设也塑造得非常好，那么涨粉是不成问题的。

（3）促进粉丝黏性。粉丝通过短视频的内容是很难完全了解你的，你可以通过直播传达出内容背后的生活状态，让粉丝更了解你。只有粉丝更了解你，和你进行直播中的互动对话，才能增强粉丝的黏性。

（4）抖音直播可以带货。现在抖音对直播的管理已经相当宽松了，可以在直播过程当中介绍产品，这样就给直播电商创造了非常好的销售机会，边直播边出现产品的购买链接，从而使用户可以快速购买。

（5）抖音打赏收益。对一个具有一定粉丝量的直播者来说，打赏收益也是非常可观的，抖音的打赏币叫音浪，兑换的比例是 10 ∶ 1，主播提成的比例是30%，如果加入公会的话，能够达到 40% 以上。

5.5.2　如何开通直播功能

抖音直播的开通方式主要有两种：一是直接开通；二是加入公会之后开通。下面，笔者先来介绍如何直接开通抖音直播。

随着直播进入门槛的放宽，我们只要开通了账号，就可以使用直播功能了，无须另行开通。当然，获得了开通直播的资格之后，在正式开启直播之前，你还需要完成一些步骤，具体如图 5-82 所示。

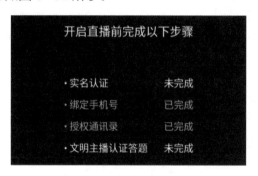

图 5-82　开启直播前要完成的一些步骤

加入公会可以直接开通直播，但加入公会，通常需要有熟人介绍。那么，如何加入公会呢？具体操作步骤如下。

步骤 01 登录抖音 App，点击右下方的"我"按钮；然后点击右上方的 按钮；在弹出的菜单栏中选择"设置"选项。

步骤 02 操作完成后，进入"设置"界面，在该界面中选择"反馈与帮助"选项，如图 5-83 所示。

步骤 03 操作完成后，进入"反馈与帮助"界面，如图 5-84 所示。

步骤 04 向下滑动界面，在"问题分类"板块中，❶点击"直播问题"按钮下方的 ⌄ 图标；❷选择"签约/加入公会"选项，如图 5-85 所示。

图 5-83　选择"反馈与帮助"选项

图 5-84　"反馈与帮助"界面

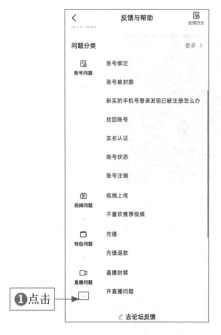

图 5-85　选择"签约/加入公会"选项

步骤 05 操作完成后，可以看到抖音平台对于"如何加入公会？"这个问题的解答，其中明确表示，加入公会必须公会主动邀请，如图 5-86 所示。

图 5-86 抖音平台对于"如何加入公会？"的解答

5.5.3 开启直播的具体步骤

对于运营者来说，抖音直播可谓是促进商品销售的重要的方式。那么，如何开启直播呢？下面，笔者就对开直播的具体步骤进行简单的说明。

步骤 ⓪1 登录抖音 App，进入视频拍摄界面，点击界面中的"开直播"按钮，如图 5-87 所示。

步骤 ⓪2 进入图 5-88 所示的抖音直播设置界面，在该界面中设置直播封面、标题等信息；点击"商品"按钮。

图 5-87 点击"开直播"按钮

图 5-88 直播设置界面

步骤 ⓪3 进入"选择直播商品"界面，❶在该界面中选择需要添加的商品；

❷点击"完成"按钮，如图 5-89 所示。需要注意的是，该界面中出现的商品来自账号的商品橱窗，如果大家需要添加其他商品，应先行将商品添加至商品橱窗。

步骤 04 返回直播设置界面，此时"商品"所在的位置会显示添加的商品数量。确认商品添加无误后，点击"开始视频直播"按钮，如图 5-90 所示。

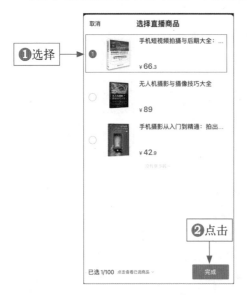

图 5-89　点击"完成"按钮　　　　图 5-90　点击"开始视频直播"按钮

步骤 05 操作完成后，进入图 5-91 所示的直播倒计时界面。

步骤 06 完成倒计时后，进入直播界面，点击 按钮，如图 5-92 所示。

图 5-91　直播倒计时界面　　　　图 5-92　点击相应按钮

步骤 07 操作完成后，将出现添加的商品，如图 5-93 所示。另外，主播在讲解某商品时，可以点击该商品右下方的"讲解"按钮，执行操作后，该商品将显示"讲解中"字样，如图 5-94 所示。

图 5-93　出现添加的商品　　　　图 5-94　显示商品正在"讲解中"

5.5.4　如何更好地开展直播

在运营抖音直播的过程中，一定要注意视频直播的内容规范要求，切不可逾越雷池，以免辛苦经营的账号被封。另外，在打造直播内容、产品或相关服务时，运营者切记要遵守相关法律法规，只有合法的内容才能得到承认，才能在平台中快速传播。

1.　建立专业的直播空间

首先要建立一个专业的直播空间，主要包括以下几个方面。

- 直播室要有良好稳定的网络环境，保证直播时不会掉线和卡顿，从而影响用户的观看体验。如果是在室外直播，建议选择无限流量的网络套餐。
- 购买一套好的电容麦克风设备，除了可以给用户带来更好的音质效果，同时也能够将自己的真实声音展现给他们。
- 购买一个好的手机外置摄像头，让直播画面更加高清，给用户留下更好的外在形象，当然也可以通过美颜效果来给自己的颜值加分。

此外，还需要准备桌面支架、三脚架、补光灯、手机直播声卡以及高保真耳机等其他设备。例如，直播补光灯可以根据不同的场景调整画面亮度，具有美颜、亮肤等作用；手机直播声卡可以高保真收音，无论是高音还是低音都可以还原得更真实，让你的声音更加出众。

2．设置一个吸睛的封面

抖音直播的封面图片设置得好，能够为主播吸引更多的粉丝观看。目前，抖音直播平台上的封面都是以主播的个人形象照片为主，背景以场景图居多，也可选择游戏画面或游戏人物、卡通人物的图片。

那么，具体如何设置直播封面呢？这里告诉大家 3 个技巧。

（1）场景要配合内容。如果你做的是乡野类的直播，可以选择室外和内容相符的场景；如果你是做美妆的，那么一定要坐在梳妆台或者是化妆间。总之，就是要用直播封面场景来帮助你进行主题的表达。

（2）封面的布置主次分明。要突出的主体，不能超过 3 个，如果人物的形象放在封面上，那么要突出的只能是这个人物和本次要直播的主题；如果想要突出这次直播的主题文字，也可以把人物进行虚化，把主题文字凸显出来。一般情况下都是左侧是主题，右侧是人物，或者是一侧放置主题，整个背景是场景，没有人物。无论怎样布局，都要主次分明，切不可将多个主角放在一张画面上。

（3）色彩明亮突出。色彩明亮更容易吸引别人的注意力，色彩不是越花哨越好，不论是高饱和度的色彩，还是素净的黑白灰，都要有主色调，应突出主题，统一色调，形成属于自身的风格。

3．积极互动提高存在感

抖音没有采用秀场直播平台常用的"榜单 PK"等方式，而是以粉丝点赞作为排行依据，这样可以让普通用户的存在感更强。下面介绍抖音直播的几种互动方式。

（1）评论互动：❶用户可以点击"说点什么"；❷在弹出的输入栏中，输入文字内容；❸点击"发送"按钮，便可以发布评论，如图 5-95 所示。此时主播要多关注这些评论内容，选择一些有趣的和实用的评论进行互动。

（2）礼物互动：礼物是直播平台最常用的互动形式，抖音的直播礼物名字都比较特别，不仅体现出浓浓的抖音文化，同时也非常符合当下年轻人的使用习惯以及网络流行文化，如"你最好看""多喝热水""送你花花"等，如图 5-96 所示。

在直播过程中，主播可以通过与他人 PK、用话语引导的方式，让观看直播的抖音用户刷礼物，营造热烈的直播间氛围。

3．选择符合主题的内容

目前，抖音直播的内容以音乐为主，不过也有其他类型的直播内容，如美妆、美食、"卖萌"以及一些生活场景直播等。抖音的直播内容，都是根据抖音社区文化衍生出来的，而且也比较符合抖音的产品气质。

在直播内容创业中，以音乐为切入点可以更快地吸引粉丝关注，在更好地传播好的音乐内容的同时，也可以让主播与粉丝同时享受到近距离互动的快感。

图 5-95　发布评论

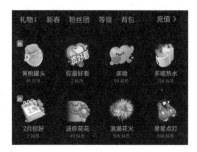

图 5-96　直播礼物

5.5.5　直播卖货的原则和技巧

直播是有技巧的，如果你能掌握直播卖货的原则和技巧，那你的直播对于抖音用户将会更加具有吸引力。同时，你的直播带货能力也将随之增强。

1. 直播卖货的原则

在直播卖货时，主播需要遵循一定的原则，具体如下。

（1）热情主动。同样的商品，为什么有的主播卖不动，有的主播用简单几句话就能获得大量订单？除了主播自身流量之外，很可能与主播的态度有一定的关系。

如果主播热情主动地与抖音用户沟通，让抖音用户觉得像好朋友一样亲切，那么，抖音用户自然会愿意为主播买单；反之，如果主播对抖音用户爱答不理，让抖音用户觉得自己被忽视了，那么，抖音用户可能连直播都不太想看，就更不用说去购买直播中的产品了。

（2）保持一定频率。俗话说得好，"习惯成自然"。如果主播能够保持一定的直播频率，那忠实的抖音用户便会养成定期观看的习惯。这样，主播将获得越来越多的忠实抖音用户，而抖音用户贡献的购买力自然也会变得越来越强。

（3）为抖音用户谋利。每个人都会考虑到自身的利益，抖音用户也是如此。如果主播能够为抖音用户谋利，那抖音用户就会支持你，为你贡献购买力。

例如，李佳琦曾经因为某品牌给他的产品价格不是最低，让粉丝买贵了，于是就向粉丝道歉，并让粉丝退货。此后，更是主动停止了与该品牌的合作。虽然李佳琦此举让自己蒙受了一定的损失。但是，却让粉丝们看到了他在为粉丝们谋福利，因此他后续的直播获得了更多粉丝的支持。

当然，为抖音用户谋福利并不是一味地损失主播自身的利益，而是在不过分损失自身利益的情况下，让抖音用户以更加优惠的价格购买产品，让抖音用户看到你在为他们考虑。

2．直播卖货的技巧

直播卖货不只是将产品挂上链接，并将产品展示给抖音用户，更是通过一定的技巧，提高抖音用户的购买欲望。那么，直播卖货有哪些技巧呢？主播们可以从以下3个方面进行考虑。

（1）不要太贪心。虽然产品的销量和礼物的数量与主播的收入直接相关，但是主播也不能太过贪心，不能为了多赚一点钱，就把抖音用户当作"韭菜"割。毕竟谁都不傻，当你把抖音用户当"韭菜"时，也就意味着你会损失一批忠实的粉丝。

（2）积极与抖音用户互动。无论是买东西，还是刷礼物，抖音用户会有自己的考虑，如果主播达不到他们的心理预期，抖音用户也不会为你买单。那么，如何达到抖音用户的心理预期呢？一种比较有效的方法就是通过与抖音用户的互动，一步步地进行消费引导。

（3）亲身说法。对于自己销售的产品，主播最好在直播过程中将使用过程展示给抖音用户，并将使用过程中的真实感受分享给抖音用户。这样，抖音用户在看直播的过程中，会对主播多一分信任感，也会更愿意购买主播推荐的产品。

5.6 利用抖音小程序增加卖货渠道

对于运营者来说，销售渠道越多，产品的销量通常就会越有保障。而抖音小程序的推出便相当于运营者多了一个产品的销售渠道。也正是因为如此，玩转抖音小程序至关重要。

5.6.1 什么是抖音小程序

抖音小程序实际上就是抖音短视频内的简化版 App，和微信小程序相同，抖音小程序具备了一些原 App 的基本功能，而且无需另行下载，只要在抖音 App 中进行搜索，点击进入便可直接使用。

需要特别说明的是，目前 IOS 系统的手机中，抖音还未开放抖音小程序功能。也就是说，在苹果手机中，抖音用户是找不到抖音小程序的。而安卓用户则可根据自身需求，通过不同的入口，使用抖音小程序。

和大多数电商平台相同，抖音小程序中可以直接销售商品。抖音用户进入对应小程序之后，选择需要购买的商品，并支付对应的金额，便可以完成下单。除此之外，运营者还可以通过设置，让自己的抖音小程序能够被抖音用户分享出去，从而为抖音用户的购物提供更大的便利。

例如，在"小米有品"抖音小程序中，点击■按钮，界面中会弹出一个对话框，如图 5-97 所示。

图 5-97　弹出对话框

抖音用户选择对话框中的"分享"选项后，将弹出"分享到"对话框，点击需要分享的渠道，如"微信"，如图 5-98 所示。完成操作后，页面中将生成该抖音小程序的二维码，如图 5-99 所示。抖音用户只需将该二维码保存，并进行分享，其他用户便可以通过抖音扫码进入该抖音小程序。

图 5-98　点击"微信"进行分享　　图 5-99　抖音小程序的二维码

5.6.2　抖音小程序的入口

和微信对微信小程序一样，抖音对于自己的小程序功能也是非常重视的。这一点从抖音平台中小程序的入口数量便可以看得出来。在抖音 App 中，主要为抖音小程序提供了 5 个入口，具体如下。

1．视频播放界面

运营者如果已经拥有了自己的抖音小程序，便可以在视频播放界面中插入抖音小程序链接，抖音用户只需点击该链接，便可直接进入对应的链接位置。抖音小程序的特定图标为：。抖音用户只要看到带有该图标的链接，点击便可进入抖音小程序。

2．视频评价界面

除了在视频播放界面中直接插入抖音小程序链接之外，运营者也可在视频评价界面中提供抖音小程序的入口。

3．个人主页界面

个人主页界面中，同样也可插入抖音小程序链接。例如，在抖音号"猫眼电影"的个人主页中，就有一个带有抖音小程序的按钮，抖音用户点击该按钮，便可直接进入其抖音小程序，如图 5-100 所示。

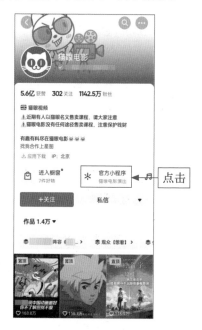

图 5-100　个人主页界面中的抖音小程序入口

4．最近使用的小程序

如果抖音用户近期使用过某些抖音小程序，那么这些小程序就会在最近使用的小程序中出现。那么，最近使用的小程序的位置在哪里呢？

❶抖音用户只需点击**☰**按钮，在弹出的菜单栏中，❷选择"小程序"选项，便可进入"小程序"界面，如图 5-101 所示。抖音用户只需点击抖音小程序所在的位置，便可直接进入其对应的抖音小程序界面。

5．综合搜索界面

相比于去视频播放界面、视频评价界面和个人主页界面中查找，更多抖音用户可能更习惯于直接进行抖音小程序的搜索。例如，在综合搜索界面中，输入"猫眼电影"，搜索结果出来后，点击"猫眼电影演出"右侧的"进入"按钮，如图 5-102 所示，便可进入该抖音小程序。

需要注意的是，如果搜索的账号没有发布抖音小程序，在搜索结果中是看不到"小程序"板块的。因此，如果抖音用户想要通过这种方式进入抖音小程序，最好是在搜索前先确认对应的抖音小程序是否已经存在。

图 5-101　最近使用的小程序中的抖音小程序入口

图 5-102　点击"进入"按钮

5.6.3　怎样入驻抖音小程序

抖音小程序对于抖音用户来说无疑是至关重要的，那么，如何入驻抖音小程序呢？要入驻抖音小程序，运营者需要先获得字节跳动小程序开发者平台权限。具体来说，抖音电商运营者可以通过如下操作获得开发者平台权限。

步骤 01　进入字节跳动小程序开发者平台的默认页面，单击界面右上方的"快捷登录"按钮，如图 5-103 所示。

步骤 02　操作完成后，弹出"快捷登录"对话框，在对话框中，输入手机号和验证码；单击"登录"按钮，如图 5-104 所示。

步骤 ③ 操作完成后，进入"设置用户名"页面，在页面中，输入开发者用户名；单击"确认"按钮，如图 5-105 所示。

图 5-103　单击"快捷登录"按钮

步骤 ④ 操作完成后，进入"申请创建"页面，单击页面中的"申请"按钮，如图 5-106 所示。

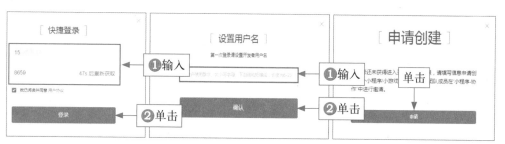

图 5-104　单击"登录"按钮　图 5-105　单击"确认"按钮　图 5-106　单击"申请"按钮

步骤 ⑤ 操作完成后，进入图 5-107 所示的申请资料填写界面，在该界面中填写相关信息，并单击界面下方的"申请"按钮。

图 5-107　申请资料填写界面

申请提交之后，只需等待审核即可。审核通过之后，运营者便可获得字节跳动小程序开发者平台权限。获得权限之后，运营者便拥有了初步的入驻资格。接下来，只需对抖音小程序进行设计和开发，并上传和发布，就可以实现抖音小程序的入驻了。

5.7 其他功能，提高卖货能力

除了商品分享功能和抖音小店之外，抖商还需要借助一些其他的功能，让抖音电商内容更丰富、获得更广泛的推广，比如 DOU＋、POI 认证和长视频功能。

5.7.1 DOU+

DOU＋作品推广功能，是一种给短视频加热，让更多抖音用户看到短视频的功能。简单地理解，其实质就是通过向抖音平台支付一定的费用，花钱买热门，提高抖音短视频的传达率。

在抖音 App 中，有两种使用 DOU＋作品推广功能的方法，即在个人主页使用和在视频播放页使用。下面，笔者将分别进行简单的说明。

1. 个人主页使用

在个人主页使用 DOU＋作品推广功能的步骤具体如下。

步骤 01 登录抖音 App，进入"我"界面。点击界面中的 ▤ 按钮；在弹出的对话框中点击"更多功能"按钮，如图 5-108 所示。

步骤 02 操作完成后，进入更多功能界面，点击"拓展功能"板块下的"上热门"按钮，如图 5-109 所示。

步骤 03 操作完成后，进入"DOU＋上热门"界面，在该界面中点击需要上热门的视频下方的"上热门"按钮，如图 5-110 所示。

步骤 04 操作完成后，进入"速推版"界面。"DOU＋上热门"有两种方式可以选择，即"速推版"和"定向版"，如图 5-111 所示。在该界面中，我们可以查看被推广视频的相关信息和 DOU＋的预期效果等。我们只需点击下方的"支付"按钮，并支付相应的费用，就可以将短视频推上热门，提高其传达率。

图 5-108 点击"更多功能"按钮

图 5-109　点击"上热门"按钮

图 5-110　点击"上热门"按钮

图 5-111　"DOU＋上热门"的两种方式

2．视频播放页使用

除了在个人主页界面使用之外，DOU＋作品推广功能还能在视频播放界面使用，具体步骤如下。

步骤 01 打开需要推广的短视频，点击界面中的 ●●● 按钮，如图 5–112 所示。

步骤 02 操作完成后，界面中将弹出一个对话框，点击对话框中的"上热门"按钮，如图 5–113 所示。

图 5–112 点击相应按钮

图 5–113 点击"上热门"按钮

步骤 03 操作完成后，进入图 5–110 所示的 DOU＋作品推广界面。运营者只需根据提示支付对应的费用，便可以借助 DOU＋作品推广功能对短视频进行推广了。

5.7.2 POI 认证

POI 是 point of interest 的缩写，中文可以翻译为"兴趣点"。店铺可以通过认证认领 POI 地址，认领成功后，即可在短视频中插入店铺位置链接，点击该链接，便可了解店铺的相关信息，如图 5–114 所示。

该功能对于经营线下实体店的抖音电商运营者来说，可谓是意义重大。主要是因为，运营者如果设置了 POI 地址，那抖音用户便可以在店铺信息界面中看到店铺的位置，而且点击该位置，并借助导航功能，抖音用户可以很方便地找到店铺。

当然，POI 地址功能虽然是一个将抖音流量引至线下的实用工具，但是引流的效果还得由短视频获得的流量来决定。因此，打造吸引抖音用户的短视频，是该功能发挥功效的基础。

点击

图 5-114　插入 POI 地址的店铺

5.7.3　长视频

在许多人的印象中，抖音短视频的默认拍摄长度是 15 秒。但是，有时候运营者需要传达的内容比较丰富，在 15 秒内难以完整展示所有内容。那么，有没有什么方法可以增加短视频的录制时间呢？

其实，随着抖音 App 的升级，抖音电商运营者在抖音短视频中拍摄的视频长度可以增加为 60 秒、3 分钟。下面，笔者以拍摄 60 秒短视频为例，对具体操作步骤进行解读。

步骤 01 登录抖音 App，点击界面下方的 ⊞ 按钮，如图 5-115 所示。

步骤 02 进入短视频拍摄界面，点击"分段拍"按钮，如图 5-116 所示。

步骤 03 系统默认拍 15 秒视频，如果要拍摄 60 秒视频，切换至"60 秒"选项即可，如图 5-117 所示。

步骤 04 操作完成后，进入 60 秒短视频拍摄界面，点击界面中的 ⊙ 按钮，如图 5-118 所示。

步骤 05 操作完成后，即可进行短视频的拍摄，如图 5-119 所示。拍摄完成后，只需像 15 秒短视频一样直接上传就可以了。

图 5-115　点击相应按钮　图 5-116　点击"分段拍"按钮　图 5-117　切换至"60秒"选项

图 5-118　点击相应按钮　　　　图 5-119　60秒短视频拍摄界面

第6章

5条抖音盈利思路：积极卖货
实现更高收益

学前提示

　　大多数抖音电商运营者之所以运营抖音，就是希望通过抖音带货、卖货，提高自身的变现能力。那么，在抖音中有没有实用的盈利技巧呢？

　　本章就重点为大家介绍5条可以实现年赚百万的抖音变现思路。

要点展示

- IP盈利，增强带货能力
- 产品盈利，刺激购买欲望
- 场景盈利，实现多元化带货
- 引流盈利，结合需求做导流
- 实体盈利，吸引用户进店消费

6.1 IP 盈利，增强带货能力

IP 变现是通过个人的规划，把你自己从里到外全面打造，然后轻松带货变现。个人 IP 是通过从人设的性格、外形、价值点、思想、定位等方面切入全方位系统打造个人形象，形成被粉丝认可的个人品牌。

我们都知道那些知名人士，他们对外的性格、说话方式、服装等都是经过打造的，那他们为什么要去精心打造呢？这样做是为了让别人更好地去记住他们，从而在后期更好地变现。

比如，影视明星会注重自身形象和演技的展示，让大家看到他们的实力；歌唱明星会注重歌艺的展示，让大家记住他们的歌曲和歌声。只要大家对他们越认可，他们就显得越专业，同时这也意味着 IP 打造得越好。

我们知道了什么叫个人 IP，那应该怎样打造个人 IP 呢？本节就从 7 个方面来进行分析。

6.1.1 做好粉丝画像

我们想吸引什么样的人？我们吸引的这些人，他们身上具有什么样的标签？你把这些人标签写出来，然后看一看他们的需求到底是什么。针对这些问题进行分析，就是在做粉丝画像。

比如，女孩子就是喜欢帅哥。那么，在打造个人 IP 的过程中，你就可以针对性地展示你帅的一面。简单地理解，就是针对粉丝的需求去准备内容，从而以粉丝喜欢的形象展示在他们面前。

做一个产品也是同样的道理，如果市场上根本没有人想要这个产品，那么你做了也卖不出去。打造个人 IP，就是把人作为一种产品来推向市场，通过自身塑造的形象让大家去消费。在这个过程中，做粉丝画像就相当于是了解粉丝对产品的需求。

6.1.2 明确核心价值

你发布的视频及其中的产品，要有核心价值。核心价值主要体现在能解决用户的痛点。比如，补水面膜的核心价值就是可以补水，减肥产品的核心价值就是有助于减肥。那么，你的视频和产品的核心价值是什么呢？

如果你是做搞笑视频的，你要让抖音用户看完你的视频之后，开心地笑出来；如果你的颜值很高，你希望抖音用户看到你的美或者帅，你就要在视频中把你美和帅的一面展示出来。

6.1.3 塑造良好形象

明确了想要输出的内容，明确了用户想要看的是什么之后，我们需要据此塑造自己的良好形象。个人形象并不一定要和内容一致，也可以是和内容形成反差的。抖音上有一个叫岳老板的，他很多视频就是穿着西装、打着领带去干活，如图 6-1 所示。正是因为他做的事和他的形象形成了反差，所以很多抖音用户看到他的视频之后，很快就记住了他。

图 6-1　与内容形成反差的形象

我们在塑造形象时，也可以穿得有特色一点。比如，穿西装做搬砖等脏活、累活，或者穿着看上去有些脏的衣服，去一些非常高档的地方，这就很容易在抖音用户心中留下深刻的印象。

6.1.4　保持优质原创

抖音不喜欢那些图文的、拍得特别模糊的、没有主题的、没有价值的视频。那么，怎么让拍出来的视频受到抖音用户的欢迎呢？其中一种方法就是保持优质的原创。

要保持优质原创可以重点做好三个方面的工作：一是内容的原创性；二是内容的优质性；三是采用真人出镜的形式展示内容。

笔者有个学员，做了 10 条搬运的内容基本没有太多的流量，但只做了一条原创内容，就达到了 800 多万的播放量。由此便不难看出优质原创的强大引流作用。为什么一定要做优质原创的内容呢？主要有以下几个原因。

一是自 2019 年起各大自媒体平台，都在打击盗版和搬运，知识产权越来越被重视。在这种情况下，搬运是没有任何前途的。如果你用搬运视频的方式去引流和吸粉，视频中没有个人品牌的植入，那将来在卖货变现的时候，效率是非常低的。

二是自媒体从业人员在做原创视频的过程中，对策划能力、目标粉丝的洞察能力，以及内容的把控能力，甚至是文案的写作能力都会有一个非常大的提高。如果你做搬运，那未来不允许搬运的时候，你除了剪辑视频之外，可能什么也学不会。

三是只有原创内容才能植入你的个人形象、个人品牌和人设定位。自媒体时代，未来要销售的不再是产品，而是销售产品的人。没有个人IP就没有带货能力，就没有粉丝，没有粉丝就不存在产品的体验、定制化生产。

基于以上三条，笔者建议凡是做抖音短视频的，一定要做原创。另外，因为你要推广的是自己的品牌，所以不要只是把别人的视频拿过来用。比如，有的人直接截取马云的视频，你说做这样的视频干什么？有价值吗？你用这种视频推广的是马云，这对你打造个人IP作用大吗？

为什么要去打造个人IP呢？就是因为个人IP打造好以后，就算你今天做的是护肤品，明天你去做其他产品，很多粉丝对你还是非常认可的，后续还会买你的其他产品。因为你已经把自己销售出去了，粉丝认可的不只是你的产品，更多的是你这个人。你这个人吸引了我，后续不管你卖任何的产品，我都会考虑去买。

比如，李佳琦，我们都知道他卖的主要是口红，但是并不会记住他卖的是什么品牌的口红，所以他推荐的口红有适合我的我就会直接去购买，也不会去追求口红的品牌了，因为我更多的是信任李佳琦这个人。

所以我们在打造内容的时候，如果把自己的品牌销售出去了，后续你就算是跨行业，你的粉丝在有需要的时候，还是会去找你购买。所以，这就是为什么一定要去打造好自己的个人IP。

6.1.5　多个展现渠道

为什么要说展现渠道呢？因为在内容的产出上，我们如果说只占据抖音这一块，别人对你的认可度可能不是很高。尤其是在追求信任度这一块。

如果让用户在百度、微信等渠道上都能搜索到我们打造出来的长视频、文章和图片，那用户再在抖音上找到你的时候，就会觉得你这个人很厉害，你的内容非常好，而且你的形象以及所有的规划都很值得人信任。这就是为什么说展现渠道很重要的原因。

比如，"手机摄影构图大全"在今日头条和微信公众号上都开通了账号，而且还都发布了大量原创内容，如图6-2所示。那么，抖音用户会觉得手机摄影构图大全发布的内容都很专业，在这种情况下，抖音用户自然也会更加愿意关注手机摄影构图大全的抖音号了。

一定要让大家能通过抖音、今日头条、微信和百度这些主流媒体搜到你的内容。就像当时笔者在做销售的时候，就把所有的联系方式以及相关资料，上传到了各大平台。别人每次询问笔者的情况时，笔者都会跟他们说："你可以到百度上搜索一下，上面有我的资料。"后来他们在任何一个平台都能搜索到笔者，觉得笔者很值得信任，所以就直接购买产品了。

图 6-2 "手机摄影构图大全"的今日头条号和微信公众号

6.1.6 做好领域细分

不管是做任何内容，你一定要做细分领域。就算是打造个人品牌，一定也要做细分领域的个人品牌。歌手就去做歌曲，演员就去拍电影、拍电视剧。明确你的细分领域到底是什么，你身上的吸引粉丝的点到底是什么，想好之后，你的个人品牌就很好打造了。

接下来，笔者要说一下个人品牌中到底有哪些方面占比比较重。

第 1 个是影响力，为什么说影响力呢？ 因为影响力也决定着你在行业里面能不能做大。所以，我们一定要细分领域，细分之后，你成为这个领域的第一人，那么你就可以很快地打造好自己的个人品牌。

比如，在三、四线城市，你做一个酒店，这个酒店是那个城市的第一名，那它的影响力就很大了，因为这个第一名一定是在某个细分领域的第一名。

第 2 个是匹配度。什么叫匹配度呢？ 就是你的个人 IP 跟你的产品和后续内容的契合程度。如果你是做减肥的，但你塑造的 IP 与减肥无关，那你后续是很难卖货变现的。

比如，现在你要去买小汽车，我相信你情愿去 4S 店找一个不认识的销售员买，也不会来找我买，因为 4S 店的销售员和你的需求之间有很高的匹配度，你会觉得他更专业，更值得信任。

第 3 个是 IP 符号。我们在做任何内容的时候，都要有一个 IP 符号。我们在以往的过程中记住的所有人、记住的所有事件，其实都有一个符号在里面。比如，我们可能会因为李世民创造了贞观之治而记住他，那么，大唐盛世就是他的 IP 符号。

IP 符号不只是人身上的一个标签，它是某一件事、某一件产品，甚至是任何一个东西。比如，张衡的地震仪，老子的《道德经》，孙武的《孙子兵法》。我们要记住某一个人或一件事情的时候，都会将与之有相关性的符号记住。那让别人记住你的点是什么呢？

一定要有代表性的符号，抖音用户才能真正记住你。你只是说出自己的名字，抖音用户又怎么可能马上记住你呢？我们能记住腰子姐，可能是因为她的那句："来了！老弟！"而她也将这个口头禅当成自身的 IP 符号，运用到了自己的抖音视频中，如图 6-3 所示。

图 6-3　腰子姐的抖音视频

第 4 个是品牌背书。你做了一件事情，如何证明你做得非常好？比如，我是做抖音培训的，那我说刘大禹等大号是我们带起来的，这就是我的品牌背书，也是我的成交点。

品牌背书是什么？就是让大咖为你站台，拿你的学员，或者你做过的一些事情，来证明你的价值。没有这个的话，别人如何去相信你，如何跟你成交呢？所以，品牌背书是很重要的，你要有意识地去做好品牌背书。

6.1.7　互动植入 IP

因为图文形式的内容没有真人出现，很难形成个人的品牌和个人的人格形象，所以在卖货变现的时候会遇到一点问题。为什么呢？因为真人出镜的时候，长期录制短视频，长期直播并与粉丝交流，会形成一种稳定的信任关系。但是，单纯的图文内容，看不见你这个人，很难形成稳定的信任关系。那么，怎么通过互动来植入 IP 呢？笔者认为可以重点做好以下 3 点。

第 1 点就是通过专业知识，植入格调。很多人做的图文形式大部分都是讲专业知识的，这种知识类的视频会比一般的图文内容得到更多的流量，因为它能更好地保持内容的垂直。

这类账号必须尽可能地回复抖音用户的所有评论，而且你是分享的专业知识类。所以，你的回复一定要非常专业，要通过专业的口吻来突显你的格调。这样，你的回答就能给抖音用户留下一个专业的形象。

第 2 点是聊天的时候表面不经意实则有意地植入 IP。什么意思呢？就是聊天的时候是很轻松的，但你是有意识植入 IP 的。比如，你要植入一个"我是上班族"的形象，你在和抖音用户的互动过程中就可以回复"我还在下班回家的路上，等下回复你"，这样很自然就进行了植入。

第 3 点是通过多场景的内容植入 IP。你刚给家里的金毛洗完澡，说明你养宠物，你很爱动物；你刚和老婆、孩子从游乐园出来，说明你很重视家庭，你家庭很和睦。

怎么融入更丰富的内容，树立你的个人 IP，让更多的人来了解你呢？除了视频内容以外，互动就是最好的场景。通过互动，你可以拉近与粉丝之间的距离，增强粉丝的黏性。与粉丝的关系好了，粉丝的黏性强了，卖货变现也就变得容易了。

6.2　产品盈利，刺激购买欲望

产品带货变现和个人品牌有密切的联系，笔者接下来分享的案例，它既属于产品带货变现，也属于个人品牌的打造。为什么这么说呢？我们来看一下案例。

笔者有一个学员叫刘大禹。他在 2018 年 11 月 12 日发布了第 1 条抖音视频，不过短短 13 天，11 月 25 日粉丝量就突破了 10 万。12 月 5 日粉丝量突破 20 万；12 月 19 日，粉丝量突破 50 万；12 月 23 日粉丝量突破 70 万。从这些数据，可以看出他后面的涨粉速度越来越快。

刘大禹就是做个人品牌和产品带货的，我们来看一看他的成效。第 1 个月他让 2 万抖音粉丝，加上了他的微信，并成功变现了 150 多万。他接的最大一单，就卖出去 20 万件服装，这就是抖音的强大之处。

他是做服装批发的，在广州开了一个档口。在此之前，他并没有去接触网络，只是在档口等着顾客上门。所以，他找到我们之后，我们帮他明确了目标用户，并开始挖掘用户的痛点。

比如，抖音用户不知道去哪里找物美价廉的服装货源。刘大禹针对这一点，让抖音用户联系自己，然后，他自己去帮用户找货源，和老板沟通拿货。因为他合作的抖音用户比较多，所以他能拿到的价格也更加便宜，抖音用户自然也更愿意成为他的粉丝，和他进行合作。

正是因为他能够针对目标用户，满足目标用户的需求，所以刘大禹能够实现粉丝的快速增长，在产品带货变现的同时，打造个人品牌。那么，我们又该怎样刺激抖音用户的购买欲望，实现产品带货变现呢？本节，笔者就来进行具体分析。

6.2.1　产品的新颖玩法

如果你的产品有一些与众不同的新颖玩法，那很容易便能吸引很多抖音用户的注意力。

比如，曾经火爆一时的答案茶，就是通过有趣的问答这种新颖的玩法，让许多抖音用户看完视频后纷纷前往实体店一探究竟，如图 6-4 所示。

图 6-4　产品的新颖玩法

6.2.2　展现产品相关过程

我们可以在视频中展现产品的生产过程、制作过程和流通过程等。比如，用视频展现你在店里是如何卖产品的，这就是一个展现过程。当然，在展现产品的相关过程中，还需要证明产品的优势。

比如，卖粉条的可以把粉条的制作过程通过视频展现出来，让抖音用户明白你的粉丝是纯手工制作的，是非常干净的，如图 6-5 所示。这样，抖音用户看完视频之后，自然就会更放心地购买你制作的粉条了。

因为许多人在网购时有过比较糟糕的体验，所以对于电商销售的产品的质量都抱有一定的怀疑。而通过对产品制作过程的展现，就能很好地消除抖音用户的怀疑，让抖音用户能够放心地购买。

6.2.3 证明产品的优势

什么叫证明产品的优势？怎么样去证明产品的优势呢？证明优势并不是你拍个视频，自己说这个产品好，而是让抖音用户看完你的视频之后，觉得你的产品确实好，确实值得购买。

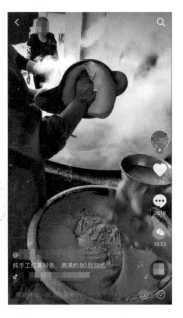

图6-5 展现产品制作过程

比如，某一服装博主就是让漂亮小女生穿上店铺要出售的服装，让抖音用户看到穿上后的效果。这样，抖音用户看到这些衣服穿上之后确实很好看，产品的优势自然就得到了证明。

6.2.4 增加内容趣味性

不管我们做任何的内容，都要增加一些有趣的点。因为抖音用户在刷抖音的时候，一般都是比较无聊的。这个时候，如果你的视频内容具有趣味性，那么你的视频自然就会更受抖音用户的欢迎。

哪些类型的产品适合在抖音卖货变现呢？

第1个是服装类的产品。在抖音上服装很容易实现变现，只要服装在视频中的展示效果好，价格又能让人接受，就比较容易卖出去。

第 2 个是景区、旅游类。抖音上有很多火爆的景区，深受抖音用户的欢迎。因为景区本身就有一定的旅游资源，再加上作为一种风景，可以直接在抖音上进行展现。所以，视频拍出来之后，很容易吸引大量的抖音用户。

第 3 个是美食类。俗话说得好，"民以食为天"，与吃相关的东西，很容易引起人们的关注。而美食通常又具有色相好、口碑好等特点。所以，许多抖音用户看到一些美食之后就垂涎欲滴，恨不得马上去尝尝味道。

第 4 个是知识付费类。这类产品本身就具有一定的专业性，再加上部分抖音用户比较爱学习，所以知识付费类的产品也比较容易吸引精准用户。

以上 4 类产品，在抖音中都比较容易实现卖货变现，有时候你只要拍一下产品，就能把产品卖出去。但是，在产品变现的过程中也千万要记住，不要直接上来就说你这个产品多少钱？在哪里买？这样很容易引起抖音用户的反感。你可以围绕产品做周边内容，刺激抖音用户的购买欲望。

6.3　场景盈利，实现多元化带货

即便是相同的产品，如果场景不同，抖音用户的购买欲望也会有所不同。那么，如何通过多元化的场景，更好地实现带货变现呢？笔者认为必须重点做好两点：一是通过场景表达主题，二是将产品作为道具融入场景。

6.3.1　通过场景表达主题

在大部分视频中，视频要表达的主题，应该是这个视频要表达的核心内容，而不是向用户强硬推销产品。就像在电影、电视剧里植入产品广告一样，电影和电视剧要表达的核心内容才是主题，即便是植入，也要尽可能地和主题有所关联。

在制作抖音视频时，我们需要先确定主题，然后再根据主题策划内容，并将产品融入视频中。因此，通过场景表达的主题应该要与你的产品具有一定的相关性，不然产品很难融入视频中。

比如，如果你要表达的主题是展示舞蹈，那么你可以穿上店铺中销售的服装展示跳舞的场景；如果你要表达的主题是怎么做好一道美食，那么你可以将店铺中销售的食品当成烹饪的食材，用店铺中销售的厨具进行烹饪，展现烹饪的场景。图 6-6 所示为通过烹饪场景的展示来表达酸奶糕制作主题。

6.3.2　将产品作为道具融入场景

将产品作为道具融入场景，可以更好地凸显产品的优势，刺激抖音用户的购买需求。因为这种融入能够在一定程度上弱化营销的痕迹，也不会让抖音用户生出反感情绪。图 6-7 所示为将红包这种产品作为道具融入新年的场景中。

图 6-6　通过烹饪场景的展示来表达酸奶糕制作主题

图 6-7　将产品作为道具融入场景

6.4　引流盈利，结合需求做导流

对于抖音电商运营者来说，获取了一定的流量之后，就能进行高效变现了。那么，如何做好引流变现呢？笔者认为，引流变现主要就是结合抖音用户的需求，做好导流工作。在此过程中，做好四步即可：一是明确渠道在哪里；二是设置粉丝路径；三是设置引诱点；四是建立私域流量池。

6.4.1 明确渠道在哪里

每个渠道受欢迎的内容类型不尽相同，所以我们要先明确从哪些平台导入流量，然后再根据平台的调性，生产对应的内容。

比如，同样的内容，今日头条的用户可能更喜欢看图文形式的，而西瓜视频的用户更喜欢看视频形式的。你就可以根据平台用户的喜好，分别打造图文形式和视频形式的内容，并将打造后的内容发布到对应的平台上。

6.4.2 设置粉丝路径

要想实现引流变现，必须设置便捷的粉丝路径，让抖音用户明白怎样进入你的流量池。就像把大河里面的鱼引导到你自己的流量池里面一样，你必须要将引导路线理清，让鱼儿能够直接从大河里游进你的流量池。

比如，我们可以在抖音主页中留下需要引流的平台账号。要想把粉丝引导至微信，就留下微信号；要想把粉丝引导至微博，就留下微博号，如图 6-8 所示。

图 6-8　根据平台设置粉丝路径

6.4.3 设置引诱点

怎样让抖音粉丝根据你设置的路径，进入目标平台呢？其中一种有效的方法就是设置引诱点，让抖音用户心甘情愿地成为你私域流量池中的一员。当然，在设置引诱点时也需要注意，引诱点的吸引力对引流的效果往往起到了决定性的作用。抖音用户对你设置的引诱点越感兴趣，就越容易引导抖音用户进入私域流量池。

比如，有的抖音号通过在主页设置优惠活动入口，吸引抖音粉丝进入对应平台，从而实现卖货变现。

6.4.4 建立私域流量池

我们可以通过设置引诱点，让抖音用户添加我们的个人微信号，从而建立私域流量池。私域流量池的建立，不仅能更好地维护与粉丝之间的关系，还能不断挖掘粉丝的购买力，从而实现持续变现。

比如，让抖音粉丝加上你的微信号之后，你可以通过发朋友圈的形式推送产品的相关信息，如图 6-9 所示。如果这些抖音粉丝对你的产品有兴趣会通过私聊的方式进一步了解产品详情，并进行购买。而私聊又可以增加与粉丝的沟通，增强粉丝的黏性。

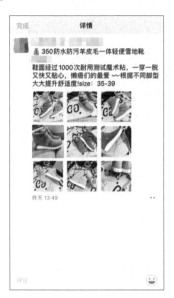

图 6-9 通过朋友圈推送产品

6.5 实体盈利，吸引用户进店消费

抖音是线上的平台，而部分抖音电商运营者则主要在线下进行卖货变现。那么，实体店如何吸引抖音用户进店消费，进而实现高效变现呢？这一节，笔者就给大家支 4 个招。

6.5.1 以店铺为场景

以店铺为场景是什么意思？就是在店里面组织各种有趣的玩法。比如，曾经在抖音上火爆的摔碗酒，就是在店铺中展示摔碗这种场景来吸引抖音用户到线下实体店打卡的，如图 6-10 所示。

图 6-10　以店铺为场景的摔碗酒

当然，摔碗酒这种玩法包含有较强的自身特色，很多实体店没有办法模仿。但是，我们也可以通过一些具有广泛适用性的活动来展示店铺场景。比如，可以在店铺门口开展跳远打折活动，为店铺造势。

大家都知道，实体店最重要的其实已不再是产品了，因为抖音用户想买产品，可以直接选择网购。那么，实体店如何吸引抖音用户进店消费呢？其中一种方法就是让抖音用户对你的实体店铺有需求。

网购虽然方便，但是在许多人看来也是比较无聊的，因为它只是让人完成了购买行为，却不能让人在购物的过程中获得新奇的体验。如果你的实体店铺不仅能买到产品，又有一些让抖音用户感兴趣的活动，那么抖音用户自然会更愿意去你的实体店铺里打卡。

有的店铺会组织一些特色的活动，比如让顾客和老板或者店员猜拳，组织对唱或者跳舞等。你可以将特色活动拍成视频上传至抖音中，从而展现店铺场景。这些活动在部分抖音用户看来是比较有趣的，他们看到之后就会对你的实体店铺心生向往。

6.5.2　打造老板的人设

你的老板有没有什么特别的地方？他能不能在视频中出镜呢？抖音上以老板为人设的账号很多。比如，蒙俊源（广西助农）就是一个店铺老板，他的很多视频都是通过展示与顾客的相处过程，打造一个淳朴、实在的生意人人设，如图 6-11 所示。

图 6-11　打造老板的人设

这些老板突然火了之后，为店铺带来很多流量。有的人可能是真的想要买东西，而更多的人可能只是想去看看这些老板现实生活中到底是什么样的。

6.5.3　打造员工的人设

抖音号除了可以打造老板的人设之外，还可以打造员工的人设。你的店铺中有没有很有趣、很有特色的店员？能不能以店员的角度来看待店铺的经营情况，让视频内容看起来更加真实？

比如，有个店铺就是通过打造开酒猫这种员工形象来吸引顾客的。与一般人的开酒方式不同，开酒猫用文件夹来打开啤酒，而且开酒的动作很利落，有的顾客甚至会被开酒的动作吓到。虽然这样的开酒方式有些危险，但是在许多抖音用户看来，这个开酒猫的动作很酷。所以，看到她开酒的视频之后，都想要去她所在的店铺亲身体验一下。这样一来，便通过员工人设的打造，增强了实体店铺对抖音用户的吸引力。

当然，有的店铺中的店员，看上去可能并没有什么太特别的地方。那就可以在了解员工的基础上，对员工的独特之处进行挖掘和呈现。如果觉得这种挖掘不好做，还可以直接招收一些比较有才艺的店员。

6.5.4　让顾客帮你宣传

店铺中的人员比较有限，所能达到的宣传效果也比较有限。而且，抖音用户可能会觉得店铺相关人员拍摄的视频，不是很客观。那么，我们能不能让进入店铺中的顾客拍摄抖音视频，帮忙进行宣传呢？

图 6-12 所示为某店铺借助"无锡攻略"这个抖音号，让顾客帮忙进行店铺宣传的一条视频。

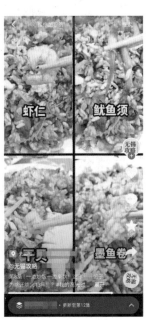

图 6-12　让顾客帮忙宣传

让顾客帮忙宣传的这种营销方式，无论是对顾客，还是对店铺都是有益处的。对顾客来说，可以丰富自身拍摄的内容。如果拍摄的视频上了热门，还可以收获一定的粉丝。

而对于店铺来说，很多抖音用户都会参照顾客拍摄的视频进行探店拍摄评价，对店铺评价高的顾客越多，店铺的生意就会越好。这和网购是一个道理，如果店铺的好评度高，自然能吸引更多人前来购买。

其实，很多实体店铺能够成为网红店铺，都是因为顾客的宣传为店铺塑造了良好的口碑。如果每个进店的顾客都能拍一条抖音视频，那么即便一条视频只能带来5 个顾客，实体店铺也能持续不断地获得大量的客流。这样，你还用担心实体店铺做不起来吗？

第 7 章
18 个企业号运营要点：开拓带货卖货新赛道

与个人抖音号不同，企业抖音号是一个企业向外宣传的窗口。因此，企业抖音号运营起来通常要比个人抖音号复杂一些。

那么，企业如何借助企业号开拓带货卖货新赛道呢？本章笔者将从 4 个方面、18 个要点对这个问题进行回答。

学前提示

- 4 个步骤，快速认证企业号
- 4 个特权，尽显企业号价值
- 6 种方法，轻松玩转企业号
- 4 种技巧，高效运营企业号

要点展示

7.1　4 个步骤，快速认证企业号

要认证企业号，得先找到企业号的认证入口。我们可以打开浏览器，进入抖音官网首页，选择菜单栏"企业合作"中的"企业认证"选项，如图 7-1 所示。

图 7-1　选择"企业认证"选项

操作完成后，进入"企业认证"页面，再单击页面中的"立即认证"按钮即可，如图 7-2 所示。

图 7-2　单击"立即认证"按钮

执行操作后，进入企业认证说明页面，如图 7-3 所示。该页面对企业认证步骤进行了说明。如果确定需要进行企业认证，可以单击页面中的"开启认证"按钮，

开始进行企业认证。

图 7-3 企业认证说明页面

从图 7-3 中不难看出，企业认证可以分为 4 个步骤。那么，这 4 个步骤中具体要做些什么呢？本节，笔者就分别进行介绍。

7.1.1 填写认证资料

企业认证的第 1 个步骤是填写你的认证资料，在该页面提交你的认证资质。主要是企业的主体注册，提交企业的相关资料，如营业执照、企业认证申请公函、商标注册证等。

另外，一个企业主体最多可以注册两个抖音号。所以，企业在申请企业号时要做好规划，明确自身企业号的具体运营方向。

7.1.2 支付审核费用

企业认证的第 2 个步骤是在提交企业号认证资料之后，需要支付相应的费用，每次认证需要支付服务费 600 元，这个费用一年一交。也就是说，即便是通过认证的企业号，也是需要进行年审的，一年之后还需要重新认证审核，再提交一次资料，支付申请费，进行企业号的年审。

7.1.3 认证资质审核

企业认证的第 3 个步骤是认证资质的审核。认证服务号的审核机构、服务商会审核你的资质，并在线下打电话联系你，告知需要补充什么资料。在认证的过程中，你可以看审核标准——《抖音企业认证材料规范》。抖音在企业认证说明页面的企业认证步骤板块提供了查看该规范的入口，只需单击便可以查看。

7.1.4 开启账号认证

最后审核通过了之后，相关工作人员会在两个工作日内开启认证。开启认证之后，你就可以使用企业号的特权，开启企业号运营之旅了。

7.2 4个特权，尽显企业号价值

我们为什么要去认证企业号呢？这主要是因为开通企业号之后可以拥有4个方面的特权，这使抖音企业号的运营比起一般的个人号显得更有价值。

7.2.1 独特外显特权

抖音企业号的外显特权主要分为四个部分，具体如下。

一是抖音企业号会显示蓝V标识，让抖音用户看到之后就能明白这是一个企业号。图7-4所示为荣耀手机的抖音主页界面，可以看到在"荣耀手机"这个名字的下方显示了一个图标。

图7-4 荣耀手机的抖音主页界面

二是认证企业号后账号会在搜索页面置顶，流量导入更直接。也就是说，抖音用户在搜索你所在的企业的名字的时候，有和你同样名字的，都会排到你的后面。比如，在抖音用户中搜索"宝马"时，搜索结果中排在最上方的就是两个进行了企业认证的抖音号，如图7-5所示。

三是名字唯一。为了保护企业的权益，进行了企业认证的抖音名字，别人不可以再用。

四是可以选择3个优质视频置顶。图7-6所示为伊利官方旗舰店在抖音主页界面设置的 3 个置顶视频。

图 7-5　搜索置顶

图 7-6　伊利官方旗舰店设置的 3 个置顶视频

什么样的视频可以置顶呢？这里介绍一个诀窍，这个诀窍就是选择能够创造连接的视频去置顶。比如，这个视频能够引导别人怎么去联系自己，或者添加自己的社交账号。还有就是选择播放量比较大的、传播率比较高的视频置顶。

7.2.2　营销转化特权

营销转化方面的特权主要包括 5 个方面，具体如下。

（1）拥有外链按钮设置权，支持跳转至其他平台。这个外链可以跳转至商家的主页、官网等。如果你没有官网，也可以在今日头条设置一个简单的介绍，然后通过外链按钮进行连接。

比如，vivo 的抖音号就在主页设置了"官网链接"按钮。抖音用户只需单击该按钮，便可跳转至对应的网页，如图 7-7 所示。

单击

图 7-7　外链跳转

（2）拥有直接电话呼出的组件。组件设置完成后，只需单击对应的按钮，就可以给企业的对应号码打电话。

比如，有的企业号利用电话呼出组件在主页界面设置了一个"官方电话"按钮，抖音用户只需单击该按钮，便会弹出呼叫对应号码的对话框，如图 7-8 所示。

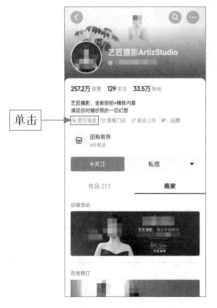

单击

弹出

图 7-8　弹出呼叫对应号码的对话框

（3）企业号主页独有商家 TAB，可以对企业的信息进行综合展示。

（4）企业号拥有单独的商品页，可以对商品详情进行更好的展示，促进直接转化。我们都知道个人号主页中，只有"作品""动态"和"喜欢"这 3 个分页，而企业号则在"作品"左侧增加了一个"商家"分页。也就是说，企业号拥有了更多宣传自身的空间。

（5）可以借助 DOU＋功能进行推广。当然，个人号也是可以使用 DOU＋功能的。DOU＋的相关内容在第 5 章中已经进行了介绍，这里就不赘述了。

7.2.3　客户管理特权

企业号在客户管理方面的特权，主要包括 5 个，具体如下。

（1）企业自建 CRM（Customer Relationship Management，客户关系管理），该功能是个人号所不具备的。通过这个功能可以实现线索转化持续跟踪，让用户的管理变得省时省力。

（2）私信自动回复。抖音用户私信你时，你可以设置一连串自动回复。如可以展示联系方式、展示自身服务范围和设置相关问题的回复等。用户只要私信对应的内容，系统便可自动进行回复。这不仅可以避免错过客户，还能节省很多用于回复的时间。

（3）评论管理优化。用户给你好评，你可以把它置顶，让更多人在第一时间就能看到对你的好评，从而增加你在抖音用户心中的印象分。

（4）自定义菜单。自定义菜单就是聚合自定义菜单，满足差异化的需求。

（5）消息管理。设置用户标签，实现精准营销。你可以根据用户发送的消息，给用户设置标签，比如这个是意向咨询，这个是意向顾客购买，那个是同行来打探消息的，你都可以对其进行标注。所以说它就是后台的客户数据管理，它可以跟踪客户对你的访问，还可以持续地进行管理。

7.2.4　数据沉淀特权

企业号数据沉淀方面的特权主要有 5 个，具体如下。

（1）主页数据。你的整个抖音主页访问的数据，比如有哪些人访问了，这些人的年龄、性别等数据都可以获取。

（2）视频数据。可以了解一条内容视频的相关互动数据，如评论多少、点赞多少、转发多少。这些数据可以在视频内容优化的时候，提供可参照的方向。

（3）运营数据。如粉丝增长的曲线、点赞增长的曲线，还有关注下降、取消关注等数据，在后台都可以看到。

（4）竞品数据。可以看到同类的行业抖音运营的状况，随时掌握行业的趋势，这对抖音运营很重要。

（5）粉丝数据。可以让你洞察目标用户的需求，轻松地提高营销转化率。

7.3　6种方法，轻松玩转企业号

抖音企业号认证完成后，便可以进行账号运营的工作了。那么，抖音企业号要如何进行运营呢？这一节，笔者就来介绍一下抖音企业号的6种常见玩法，帮助大家快速积累账号粉丝，提高品牌的知名度。

7.3.1　玩产品

对于一个企业来说，产品无疑是营销的核心之一。而且，用户对于一个企业的认知，很大程度上也来自其生产的产品。基于这一点，在企业抖音号的运营过程中，可以将产品作为重点展示内容，通过玩产品吸引抖音用户的目光。

需要注意的是，企业抖音号要想通过玩产品吸引抖音用户的目光，还需选择合适的产品作为展示对象。一般来说，企业的代表性产品和新品通常比较适合成为展示对象。因为具有代表性的产品，代表着企业产品的品质，而新品则可以借助抖音短视频进行很好的宣传。

图7-9所示为OPPO发布的一条抖音短视频，可以看到其采取的便是通过展示新品手机来玩产品的。在这则短视频中，对OPPO这款新手机的多个角度分别进行了展示，这在增加抖音用户对该款手机的了解的同时，也从一定程度上刺激了抖音用户对该款手机的需求。

图7-9　OPPO玩产品的视频

7.3.2　玩标签

很多时候，消费者记住某个企业或品牌，都是因为其自身或其产品的标签。比如，许多人记住王老吉这个品牌，是因为"怕上火喝王老吉"这句广告语。而正是这句广告语给王老吉贴上了一个降火的标签。

其实，在抖音企业号的运营过程中，同样可以采取这种贴标签的方式，让抖音用户更好地记住企业旗下的品牌及其生产的产品，从而达到提高品牌知名度，提高产品销量的目的。

比如，在某手机发布会即将到来之际，邀请流量代言人拍摄一条视频，并在该视频中添加多个标签。这种方式不仅宣传效果好，而且还能带动粉丝的热情。

7.3.3　玩热点

相比于其他内容，热点内容无疑会更加吸引目标用户的目光。如果在抖音企业号的运营过程中结合当下的热点推出相关的抖音短视频，便能快速获得大量抖音用户的关注。

抖音企业号可以结合全网的热点，拍摄专属的宣传短视频，借助抖音的流量，带动产品宣传。

7.3.4　玩达人

如果抖音企业号刚申请不久，粉丝数量比较少，或者企业的知名度比较低，那么很可能发布了抖音短视频，也不会有太多抖音用户关注。这样一来，抖音企业号发布的抖音短视频自然是很难获得比较好的营销效果的。

其实，抖音企业号自身流量不足的问题可以通过一种方法得到有效的解决，那就是邀请网红达人进行宣传。这与请明星做代言是一个道理，无论是网红达人，还是明星，其共同点就是都拥有一定的粉丝量和影响力。

当然，抖音平台上的网红达人与一般的明星可能会有一些不同，这主要体现在，抖音网红达人是通过拍摄抖音短视频发展起来的，他们拍摄的短视频通常质量比较高，对抖音用户也会更具吸引力。而且，他们大多拥有大量忠实粉丝，只要这些网红达人发布了新短视频，粉丝们就会纷纷进行查看。

京东曾推出"就是比你快"话题活动，并邀请"会说话的刘二豆"和"柚子 cici 酱"等抖音网红达人拍摄了相关的短视频，如图 7-10 所示。而这两位网红达人的短视频在发布之后快速获得了数十万点赞，让京东的"就是比你快"话题成为热门话题。

图 7-10　京东邀请网红达人拍摄的短视频

7.3.5　玩特效

随着抖音的发展和抖音用户的不断增多，许多抖音电商运营者会发现一个问题，那就是越来越难拍摄出具有特色又能吸引抖音用户参与的短视频。其实，这个问题对于抖音企业号来说很容易解决。

这主要是因为抖音企业号可以推出话题活动，并给话题活动配备专属的特效，在通过特效来增强短视频内容特色的同时，让独特的短视频特效增加抖音用户利用特效拍摄短视频的意愿。

当然，抖音企业号在推出专属特效时，也要有所思考。在笔者看来，一个合格的专属特效应该要满足两点：一是专属特效应该与企业、品牌或者产品有较强的关联性，让抖音用户一看到短视频，就能想到其对应的企业、品牌或产品；二是专属特效应该具有普适性，也就是说抖音用户也能利用该视频拍摄出自己的短视频，否则抖音用户的参与积极性将难以提高。

比如，好来牙膏曾推出"我要泡泡白"话题活动，并为该话题活动配备了专属的特效。该特效一经使用，屏幕中会出现大量气泡，同时会显示好来牙膏的形象，如图 7-11 所示。这仿佛是在告诉抖音用户，使用该牙膏之后会出现大量白色的泡泡，它们会美白你的牙齿，清新你的口气。

而且，该特效在抖音用户看来非常有趣和酷炫，再加上该话题活动有一定的奖励，抖音用户在看到该话题活动之后会更愿意参与。这不仅有效地宣传了好来牙膏易起泡的特点，而且也通过话题活动提高了品牌的知名度。

图 7-11　好来牙膏的特效

7.3.6　玩音乐

相比于文字内容，具有律动的音乐往往更能调动人的情绪。而且，文字能表达的内容具有一定的局限性，部分抖音用户（如外国用户）单看文字内容可能并不能完全领会短视频要表达的意思，但音乐却是国际共通的语言，即便抖音用户对文字不甚理解，也能通过音乐大致理解短视频制作者要表达的情绪。

基于这一点，抖音企业号可以通过玩音乐来玩转抖音品牌营销。一般来说，在抖音短视频平台中玩音乐大致有两种方式：一是制作企业、品牌或产品的专属音乐；二是通过开展音乐征集活动等与音乐相关的活动来达到营销的目的。

比如，王老吉就曾通过"越热越爱去挑战"话题活动来营销，只要抖音用户带上话题"越热越爱去挑战"，并 PICK 品牌热爱主题曲《夏日走出去》，就可以参与这个有奖话题活动，如图 7-12 所示。

图 7-12　王老吉"越热越爱去挑战"话题活动

该话题活动推出之后，快速吸引了大量抖音用户参与。图 7-13 所示为两条参与该话题活动的视频示例。

图 7-13　两条参与话题活动的视频示例

7.4　4 种技巧，高效运营企业号

企业号和个人号之间还是有一些区别的，那应该如何更好地运营企业号呢？接下来，就为大家介绍 4 种高效运营企业号的技巧。

7.4.1　企业号后台功能实操

整个后台是如何设置的呢？笔者简单地把你能用到的后台功能的设置进行介绍。注册完了之后，你就有个后台。你先要进入管理中心，管理中心有一个消息管理，自动回复就在这里设置。单击"管理中心"的"用户管理"，选择"全部用户"选项，然后对私信进行设置即可，如图 7-14 所示。

这里有快捷回复、自动回复和自定义私信菜单 3 个板块。快捷回复是指把想回复的内容提前录好，有需要时直接就回复过去，可以避免多次重复打字。自定义私信菜单，是指可以根据自身的需求对私信进行设置。

我们看下一个内容——内容的管理。在"内容管理"处可以直接为你的视频添加落地页、主标题和副标题，如图 7-15 所示。这对于营销有非常大的好处，可以直接让你的视频链接到你的落地页。而在你的落地页又能够找到你的产品和产品介绍信息，这就能很好地起到营销转化的作用。

比如，我们经常能看到许多视频上面有个黄色的小推车，这个小推车就是落地页的设置。如果有抖音用户想要买同款或者进行加盟咨询，他们就可以通过落地页找到店主。

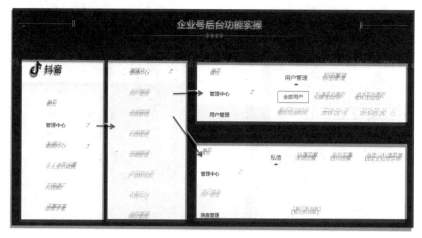

图 7-14　企业号后台功能实操

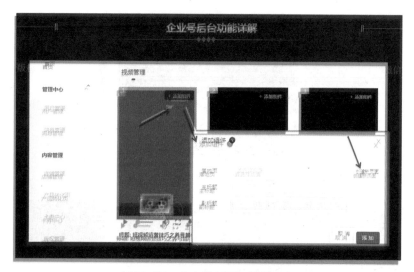

图 7-15　内容管理添加组件页面

落地页在哪显示出来呢？一个是视频里面会出现落地页，二是会在评论的置顶处看到落地页链接，如图 7-16 所示。

在落地页的设置过程中，需要注意的是落地页有一定的审核标准。图 7-17 所示为具体标准。

接下来，看门店管理部分。如果你是开店的，可以单击"店铺管理"中的"门店认领"，选择门店，然后添加你所在的城市、区，如图 7-18 所示。还可以输入门店的名称、对门店的信息进行编辑、通过视频展示门店的形象。

图 7-16　落地页的显示区域

1.不包含黄反暴力、宗教迷信等违反社区规范的内容。
2.标题及说明文字应准确简洁、完整、通俗易懂，文字介绍需要与图片展示的一致，不得图文不符或虚假宣传。
3.不得使用仿冒官方的词汇或logo元素，如"抖音同款"、"官方推荐"等。
4.文字及图片中不得出现联系方式，包括电话、网址、微信号、二维码等，不得出现诱导引流内容，如店铺名xxx、公众号xxx、搜索xxx，抖音站内引流可通过如"私信我"。
5.不得出现广告法禁止的绝对性描述词汇，如最好、第一、唯一等，不得对升学、通过考试、获得学位学历或者合格证书，或者对教育、培训的效果作出明示或者暗示的保证性承诺，如"保过、包过、X年拿证、1个月拿证书、发学历"等，涉及名师指导或明星代言，需提供相应证明，如"人大附中特级教师坐镇"、"xxx明星推荐"。

图 7-17　落地页审核标准

图 7-18　门店管理设置

店铺管理下面是产品转化页。使用产品转化页功能可以快速地创建、收集产品的相关信息。在产品转化页里面你可以设置页面的标题和副标题，上传产品图片，设置你的服务方式（是线上还是线下）、店铺的地址、服务的价格，如图7-19所示。

图7-19　产品转化页设置

产品转化页设置完成后，可以继续进行卡券中心的设置。卡券的设置可以起到引流的作用。玩转卡券需要4个步骤，如图7-20所示。

图7-20　卡券中心设置

你创建的是代金券、兑换券，还是通用券，自己要做好选择。你可以创建一个活动投放代金券，用户实际使用卡券之后，计算机会核销卡券，还可以在后台看到有多少卡券被使用了，通过数据进行跟踪。

这类似于淘宝的营销，通过发放一些卡券进行引流。你可以利用这个功能，把抖音线上的流量引到你的店铺里去，这个很重要。领取你卡券的很多人都是在你的店铺附近，这些人自然会成为你店铺的潜在客户。

卡券设置完成后，还可以对个人主页进行设置。个人主页的设置主要包括两个部分：一是转化组件设置；二是商家页面设置。

先来看转化组件的设置。在转化组件设置中，你可以先打开落地页，对落地页上的名称、链接地址、联系方式进行设置。如果你有小程序，也可以链接小程序，具体如图7-21所示。

图7-21　个人主页设置

再来看商家的页面设置。商家页面设置部分可以对店铺活动、服务产品、在线预订店铺（POI）、特色服务和团队成员信息进行设置。

进入这个企业号后台之后，可以看到左侧菜单栏中有一个"运营学堂"板块，这个板块里面有后台操作的详细课程。可以先单击"运营学堂"看一下教程，把教程看完之后，再逐一进行设置就可以了。

7.4.2　企业号运营要做好内容

如果你是一个个体工商户，想要快速涨粉，笔者建议你先做个人号，把个人IP打造出来。如果企业不想让员工当个人IP，怕员工把流量带走，可以建立企业号。

但是，很多人为了让你注册企业号，可能会告诉你：个人号发营销的内容会被限流了，但企业号是可以打广告的。

其实，这个说法不完全正确。企业号和个人号是一样的，你还是要重点做好内容，只是企业号的整个页面上会有一些营销的内容，别人如果感兴趣可以点击你页面上的链接或者参与你的活动。那些想要你花600元或更多注册企业号的，或者提出帮你注册的，都不要轻易相信。你自己找到官网，花600元就可以进行注册了。

所以说，企业号也好，个人号也好，都是以内容为王。你的内容做不好，营销也一定做不好，因为吸引用户还是要靠内容。

许多做营销的人都知道，一味地说产品已经没有用了，现在更重要的是要有用户思维。能不能用你的内容连接用户？用户成为粉丝之后，如果有购买需求，自然就会从抖音主页上找到你的联系方式，或者参加你的活动购买产品。

7.4.3　企业号这样来做营销

为什么别人的企业号那么活跃，而自己的企业号如一潭死水？

为什么别人的企业号吸引来一堆粉丝，而自己的企业号粉丝寥寥无几？

接下来，就教大家一些企业号的营销方法，让大家更清楚地了解企业号，知道怎么样利用企业号给企业服务。企业号运营可以分为 5 个阶段。

第 1 个阶段是进行引流增粉。在抖音上做企业号，需要更多的用户来关注你，需要吸引更多的精准粉丝。所以，第 1 阶段就是要引流，把粉丝引来，关注你的一定要是你的精准粉丝。怎么可以看出哪些人是精准粉丝呢？

举个简单的例子，如你这个企业是做服装的，用个人 IP 去呈现与服装相关的内容，那么刷到并关注你的，就是对你的内容感兴趣的。所以，这样吸引的就是精准的粉丝。做好了内容之后，便可以进行"DOU ＋推广"，让后台帮你分发给更多同标签的人群。

第 2 个阶段是挖掘种子用户。如果你已经有几万粉丝，或者几千粉丝，那这几千粉丝就是你的核心用户，你要赶快把这些粉丝导流过来。那该怎么导流呢？

一方面你在抖音上要积极地同你的粉丝进行互动，粉丝关注你之后，你可以发一条消息，和人家打个招呼，感谢人家的关注。另一方面是存储种子用户，如何存储种子用户呢？最好是导流到个人微信上，或者微信公众号。企业可以设置企业的微信号，和粉丝进行沟通互动，给一点利益让他们做调查问卷，让他们配合你的产品调研。把这些人当成你的种子用户来运营，这批人稍一传播，对你的品牌影响就非常大。

所以，核心用户一定要筛选出来。再有就是多建账号，建流量池进行粉丝存储。企业一定要将建立的微信号进行统一的管理，现在管理已经不成问题了，一个人管理十几个微信号都是可以的。

第 3 个阶段是进行用户画像。因为关注你的这批人，一定是对你的产品、企业感兴趣的，你只需要根据他们做用户画像，就能知道你的精准目标人群是什么样的，对他们的年龄、性别、地区甚至收入等各个方面的数据都能有所了解。

第 4 个阶段是进行社群运营。进行用户画像之后，最重要的就是做社群。你可以把你的目标用户放在一个群里，通过紧密的互动把私域流量池养起来。你的粉丝非常重要，所以一定要多账号地流转建流量池，把你的粉丝养起来。

第 5 个阶段是进行精细化的运营。精细化的运营是什么？就是增强用户的参与感。引流过来之后，一定要增强用户参与感，包括在抖音上建立的企业号，其每条视频也要尽可能地鼓励用户进行参与，充分和每个粉丝互动。

比如，你直播的时候一定要和粉丝充分互动，精细化地运营粉丝。如果直播的过程当中提问的人非常多，你照顾不过来，此时一定要有运营人员马上把这个人的名字记下来，然后去后台和粉丝私聊。企业号有一个自动回复功能，自动回复的功能就可以直接进行导流，告诉粉丝你的联系方式，把粉丝导流过来。

企业号运营也可以通过朋友圈、公众号、社群进行群体影响。比如，做餐饮的可以经常在社群里搞一些活动，促进用户的裂变。只有精细化运营，你才能更高效地利用抖音平台进行营销。

如果你有100万的粉丝，但你连5万人都导流不过来，那你就是不合格的。这说明你只注重涨粉，而没有重视粉丝的需求和粉丝的互动。

7.4.4 企业号运营的注意事项

虽然都是抖音短视频，但个人抖音号和企业抖音号是存在很大差别的，这主要是体现在目标和内容上。

（1）目标的差异。做个人抖音号更多是以获取流量为主，核心目标是提高播放量，因此比较看重粉丝的数量，注重个人影响范围。

而企业短视频营销目标一般有两种：一种是曝光品牌，将更多关注点放在如何提高产品曝光度上，为品牌进行造势，让受众对品牌产生印象，更注重刷"存在感"；另一种则是精准获客和转化，如一些电商企业，以短视频形式来获取精准和忠诚的用户，进而转化为高客单价的客户。

（2）内容的差异。由于目标的不同，抖音企业号和个人抖音号自然在内容策划上就有了差异。

比如，企业短视频应该要更多地思考"如何围绕品牌讲一个故事""如何将产品融入剧情"之类的问题。并且，企业短视频的定位和效果达成，不仅仅是为了确定内容方向，更是为渠道铺设奠定基础，只有内容确定之后，我们才能以此为依据，确定内容适合的渠道。

正是因为抖音企业号和个人抖音号之间的差异，所以抖音企业号的运营相比于个人抖音号还是有一些区别的。那么，在运营抖音企业号的过程中要注意哪些事项呢？下面，笔者将重点对5个方面的事项进行解读。

1. 配备专业的运营团队

个人抖音号拍摄的短视频相对来说可能会随意一些，只要看到一些新奇的内容，个人抖音号运营者便可以拍下来，上传至抖音短视频平台。而抖音企业号作为企业的一个宣传窗口，其发布的短视频内容都代表了企业的形象。因此，抖音企业号拍摄的内容通常都是需要进行前期策划的。

当然，企业抖音号的运营除了短视频内容的策划之外，还涉及具体内容的拍摄，以及对账号粉丝的运营等。很显然，企业抖音号的运营是一个复杂系统的工程，如果将运营的全部工作交给某个人肯定是不行的。那么，怎么保证企业抖音号的正常运作？

笔者认为，还得为企业抖音号配备专门的运营团队，让专业的人来做专业的事。具体来说，为企业抖音号配备专门的运营团队又需要重点做好两方面的工作，即组建运营团队和进行团队分工，详细介绍如下。

（1）组建运营团队。要组建一个专门的企业抖音号运营团队，首先需要对企业抖音号的运营工作进行分类，了解各部分工作内容对工作人员能力的需求。然后，就是根据运营工作对能力的具体需求去寻找合适的人选，并将合适的人员固定下来，组成一个完整的团队。

在此过程中，需要特别注意的一点是，一定要按照要求去选择人员，找到合适的人选，而不能为了省事就随便找人凑数。每个运营人员都有需要完成的工作，一个企业抖音号的成败与每一个运营人员都有关系，如果运营人员的素质达不到要求，企业抖音号在运营过程中很可能会出现各种各样的问题。

（2）进行团队分工。运营团队组建完成后，接下来要做的就是对团队进行分工，确定每个运营人员的具体工作。一般来说，企业抖音号的运营工作可以分为以下 3 个部分。

a. 内容策划。一个抖音短视频能否获得成功，关键在于内容的好坏。因此，对于企业抖音号来说，短视频内容的策划非常关键。内容策划涉及方方面面，不仅包括短视频的创意，更包括短视频中的各种具体内容，如出镜的人员、场景等，这些都必须在短视频拍摄之前确定下来。

b. 内容拍摄。内容的拍摄主要就是将前期策划的内容变成短视频内容。这不仅要求工作人员根据内容策划进行拍摄工作，为了让短视频的内容更具表现力，还需要对短视频拍摄的各种参数进行设置，并对拍摄完成的短视频进行必要的后期处理。

c. 账号维护。账号维护人员主要负责与粉丝的沟通工作，包括回复消息和评论，以及账号信息的设置，通过加强与粉丝的联系，增加粉丝的黏性。部分账号维护人员还需要负责短视频的上传与信息编辑工作。

2．掌握好内容运营法则

今日头条华北营销中心负责人王丁虓曾表示："在抖音上做品牌主页，绝不只是一个新的平台的迁移，需要突出运营。"同时，王丁虓给品牌主提出了"3H"干货建议，即 Hotspot、Hashtag、Headline 内容法则，助力抖音内容运营更加系统化、规则化。

（1）Hotspot 内容法则。Hotspot 内容法则主要强调追随平台的热门内容，强调内容的新鲜性与活跃感，侧重于点赞量和关注量的数据监测。

企业可以把品牌本身想传达的理念跟节点上的创意结合起来。其中，发现热点的方式包括热歌榜、发现页的热搜、发现页的热门挑战，这些途径都可以发现平台最火的内容。

（2）Hashtag 内容法则。Hashtag 内容法则需要品牌主自我打造连续性主题内容或活动，强调内容的风格化，如系列教学、系列剧情、系列产品、系列场景等，它侧重于对评论量和关注量的数据监测。

品牌必须要有人设，你有一个基本的细节性的内容，用户、消费者才会持续不断地去追你的内容，把你当成很重要的信息来源和娱乐来源。

（3）Headline 内容法则。Headline 内容法则主要是指品牌主需在关键营销节点发布广告导向内容，强调内容的精美度和独家性，侧重于曝光量的数据监测。

这个 3H 法则可以帮助品牌主页打造系统化、有节奏感的内容。

3．把控内容发布节奏

企业抖音号发布的短视频内容大多数都带有营销的属性，这本身就容易让抖音用户不太愿意关注。如果在企业抖音号的运营过程中还三天打鱼两天晒网，很长时间还不发布新的短视频内容，那么，企业抖音号获得的粉丝也会慢慢地流失。毕竟在抖音用户看来，如果一个抖音账号很久都不更新内容，其包含的价值也会大打折扣。

因此，在企业抖音号的运营过程中，一定要把握内容的发布节奏，适时地发布新内容，让抖音用户知道你的账号还在运营。当然，不同的内容发布的节奏有所不同，在发布过程中，还需根据内容所属的类别把握节奏。

一般来说，热点型内容都具有一定的时效性，因为热点的热度只会持续一段时间。对于这种内容，抖音企业号需要尽快发布，要知道，你早一秒发布，就能早蹭一秒的热度。而一旦热度过去了，短视频的流量便有可能大幅减少，而短视频的营销效果也将大打折扣。

连续性内容包含了多个短视频，对于这一类内容可以选择一定的频率在相对固定的时间发布，让抖音用户养成观看短视频内容的习惯，并通过一系列短视频在抖音用户心中打造企业、品牌和产品的鲜明形象。

而具有广告导向的短视频内容，则应该配合品牌的关键营销节点进行集中投放，快速地将企业、品牌和产品的相关信息传达给潜在消费者，从而在短期内助力品牌知名度的爆发式增长。

4．策划视频要注意细节

企业在策划视频过程中，需要注意哪些细节？该从哪些方面着手呢？笔者认为，最重要的就是拍摄脚本的策划，是剧情类、知识类，还是开箱测评类？

如果说企业的视频只是简单呈现了产品的功能或外观，那么拍出来的跟淘宝上常见的商品视频就没有什么区别了，就像一个干巴巴的说明类视频。这样的视频，即使画面再精美，也没有办法在短视频的大海中脱颖而出，让人记忆深刻。

因此，企业要更多考虑怎样通过短视频提高商品的溢价，让买家对商品感兴趣，让他继续关注。所以企业短视频需要策划脚本，要重点进行核心价值的挖掘。那么，在挖掘核心价值时，企业该从哪一些方面着手呢？下面归纳了 4 点。

（1）有感染力。短视频的核心价值一定要有感染力，即核心价值要有能够触动买家的内心，让买家与其产生共鸣，从而对其认同并且赞同的一种力量。

（2）有差异化。核心价值与同类产品要有差异化，即自己的产品要别具一格，而且要有合情合理的优点。

（3）包容力和敏感性。核心价值要具备包容力和敏感性，即要有一定的深度，要经得起推敲，让观看用户回味无穷。

（4）提升品牌溢价能力。核心价值要能提升品牌的溢价能力，即能够让品牌在同类产品中卖出更高的一个价格。

5．塑造好企业品牌人设

人设，即人物设定。什么是人物设定？简单来说就是一个容易被人记住的标签。日常生活中比较常见的人设应该是娱乐圈明星的人设。比如，迪丽热巴的"吃货"人设，霍建华的"老干部"人设等。人设实际上就是抢占认知，让受众看到某个标签之后就能想到你的人设。

而品牌人设则是品牌向外界展示的一个标签。一个品牌打造的人设能够在潜在消费者心中留下深刻的印象，从而刺激更多消费者购买品牌旗下的产品。品牌人设的打造有两个关键点：一是打造的人设要有独特性，也就是当前市场上没有的，能区别于竞争对手的标签；二是品牌的人设要与品牌自身的特性有一定的关系，那些胡乱编造的标签是没有说服力的。

正是因为品牌人设有抢占认知的作用，所以许多品牌都开始打造属于自己的品牌人设。在众多企业中，小米绝对是品牌人设打造得比较成功的企业。一说起小米，绝大多数人的第一印象就是产品性价比高。特别是小米手机，与市面上三、四千的手机配置相同的小米手机可能只要两千左右。

这主要还是因为小米从一开始打造的就是高配低价的品牌人设，小米科技 CEO 的观点就是：小米不靠硬件赚钱。而这个品牌人设也起到了很好的作用，小米受到了国内大量用户的拥护，小米也拥有了大量的"米粉"。

当然，对于企业来说，品牌人设建立之后，还得用心维护，一旦人设崩了，就会产生难以想象的后果，影响品牌的口碑。

第 8 章

18 个矩阵营销技巧：获取
千万级的带货能力

学前提示

　　一个抖音号的力量终归是比较有限的。如果我们能够将多个抖音号联合起来，打造营销矩阵，那么矩阵形成之后，我们运营的抖音号无论是吸粉引流能力，还是卖货、带货能力都将出现一定的提升。

　　本章将为大家重点介绍 18 个矩阵营销技巧，让大家依靠抖音矩阵获取千万级的带货能力。

要点展示

- 6 种矩阵，快速增强带货能力
- 8 种方法，实现抖音矩阵爆粉
- 4 个思维，助力带货能力升级

8.1　6 种矩阵，快速增强带货能力

抖音上常见的矩阵形式主要有 6 种。抖音电商运营者只要用好了这 6 种矩阵，就能快速增强自身的带货能力。

8.1.1　团队矩阵

团队矩阵，并不是用一个团队去运作某一个账号，而是集结团队的力量去打造一个话题、一种内容。因为这种团队化的运作，可以充分发挥团队的力量，让整个团队劲往一处使。所以，其打造的内容更容易在抖音上火起来。

如果某个团队、机构或者公司，里面的每个人都打造一个账号，那么将这些账号联合起来就形成了一个矩阵。图 8-1 所示为某舞蹈机构几位老师的抖音号，这些抖音号就组成了一个团队矩阵。这个团队矩阵的形成，不仅能让新推出的舞蹈快速得到推广，还能增强该舞蹈机构的知名度，吸引更多学员前来学习。

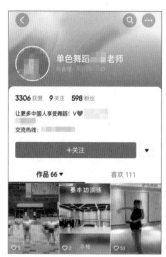

图 8-1　某舞蹈机构的团队矩阵

8.1.2　领域矩阵

领域矩阵就是通过对不同领域的针对性营销，快速占领不同领域的人群，从而增加受众群体，增强矩阵运营方的影响力。而随着受众群体的增加和自身影响力的增强，卖货、带货自然也就能够起到更好的效果了。

比如，抖音上有个叫柒阿姨的，她就打造了三个账号，一个是专注于明星采访的"七阿姨柒号路人"，一个是专注于产品测评的"柒阿姨测评（柒柒）"，还有一个是"柒阿姨的小售后"，如图 8-2 所示。这就是典型的领域矩阵打造。

图 8-2　柒阿姨的领域矩阵打造

8.1.3　个人矩阵

　　个人矩阵就是从不同维度将与个人相关的内容展现出来。比如，你可以先做一个专门发布搞笑视频的抖音号，然后又做一个展现专业知识的抖音号，最后再做一个展现个人日常的抖音号。这样一来，这 3 个抖音号就组成了你的个人矩阵。

　　比如，石榴哥就是主要通过"丽江石榴哥""石榴哥日常（种草号）"和"石榴哥私人号"这 3 个抖音号，来打造个人矩阵的，如图 8-3 所示。

图 8-3　石榴哥的个人矩阵打造

在打造个人矩阵时一定要注意一点：不管你打造了多少个账号，如果是同一个人出镜，最好在出镜形象上形成一些差异。你可以改变一下穿衣风格，或者发型。为什么要这么做呢？因为如果你的形象完全相同，视频的内容也大致相同的话，很可能会被系统判定为是在抄袭和搬运视频。

8.1.4 家庭矩阵

家庭矩阵就是以家庭为整体，通过家庭成员各自打造的抖音号，增强家庭的整体影响力和带货能力。因为家庭成员的视角不同，所以同一件事展现在抖音用户面前时，用户便可以看到这件事的几个不同的方面。

为什么许多人喜欢看家庭剧？就是因为家庭剧不仅能展现家庭观念和家庭关系，还能从不同家庭成员的角度看待问题，从中寻找共鸣。

比如，小金刚这个家庭就是从小金刚、小金刚的老婆和小金刚的父亲的角度，重点打造了3个不同的抖音号，并且这3个抖音号粉丝量最少的都超过了100万，如图8-4所示。

图8-4　小金刚打造的家庭矩阵

虽然这3个账号一般展现的都是家庭成员间的相处情境，但是，因为每个抖音号的主角不同，看待问题的角度不同，所以，抖音用户在看这3个账号的内容时，就像是在看一出家庭剧。于是，很多用户看到他们的内容之后，都会比较感兴趣。

再加上这3个账号中的某个账号发布内容时，会时不时地@另外两个账号。因此，这3个账号在形成家庭矩阵的同时，还对抖音用户起到了不错的引流作用。这也是这3个账号都拥有一定粉丝量的重要原因。

8.1.5 MCN矩阵

MCN是Multi-Channel Network（直译为：多频道网络）的简称。MCN矩阵简单理解就是通过在不同的平台打造账号，将不同的平台联合起来，形成矩阵，并在此基础上塑造IP，进行变现。

通常来说，MCN矩阵比较适用于具有专业素质的人群。这些人会在运营抖音的同时，运营今日头条、快手、火山小视频和微视等多个平台，通过多个平台的联合运营，塑造IP，增强IP的影响力。图8-5所示为郭冬临在抖音、今日头条和快手的账号，这些账号联合起来就形成了MCN矩阵。

图 8-5　郭冬临的 MCN 矩阵打造

8.1.6　粉丝矩阵

粉丝矩阵，简单理解就是借助粉丝的力量，打造营销矩阵。我们可以引导粉丝产出与自身账号同领域的内容，把某个内容，或者某个话题快速炒热，吸引大量抖音用户的关注。

比如，我们在大街上出镜时，可以让粉丝将幕后的花絮拍摄出来，上传至抖音；又比如，和粉丝见面时，可以让粉丝把见面的场景拍摄成视频，通过粉丝的抖音号上传到抖音平台。

就像大家熟悉的石榴哥，他之所以能够在抖音走红，最初就是因为其他人不经意间拍摄了他卖石榴的视频，并将视频上传到抖音上。而且，他走红之后，也有许多粉丝会拍摄与他有关的视频，上传至抖音平台。

粉丝矩阵的打造，不仅能够增强IP的影响力，还能促进与粉丝的互动。所以，在积累了一定的粉丝量之后，我们一定要打造粉丝矩阵。甚至，为了让粉丝拍摄与你有关的视频，你还要多选择去一些人流量比较多的地方，主动制造机会。

8.2　8种方法，实现抖音矩阵爆粉

了解了矩阵的类型之后，还需要掌握一些矩阵的爆粉方法。这一节，将介绍8种抖音矩阵的实用爆粉方法。

8.2.1 互动

如何通过互动实现抖音矩阵爆粉呢？常见的方法是矩阵的几个账号互相点赞、评论和 @ 对方。我们经常看到有很多人在发视频的时候去 @ 另一个账号，这其实是想引起大家对另一个账号的关注，把流量引导过去。当你的大号拥有一定粉丝量时，可以通过 @ 新注册的小号，快速把小号带起来。

比如，"柒阿姨测评（柒柒）"这个抖音号会在发布的视频中 @ 她的大号"七阿姨柒号路人"，而"七阿姨柒号路人"这个大号也会对"柒阿姨测评（柒柒）"的视频进行评论，如图 8-6 所示。通过这种多方位的互动，"柒阿姨测评（柒柒）"在短时间内便获得了数十万粉丝。而这两个账号组成的矩阵，其影响力也实现了快速提升。

图 8-6 矩阵号的互动引流

8.2.2 合拍

合拍可以分为两种，一种是当你的粉丝达到一定数量的时候，和跟你粉丝数量相当的大咖见面，一起出镜拍摄视频。另一种是利用抖音的合拍功能，把两个视频合并成一个视频，在画面的左右两边分别呈现内容。

在合拍方面，"忠哥"这个抖音号就做得很好，我们经常可以看到很多其他抖音号借助抖音合拍功能与忠哥合拍的视频，如图 8-7 所示。这种合拍可以快速形成粉丝矩阵，让更多人认识忠哥，关注忠哥。

那么，如何通过合拍制作抖音短视频呢？下面介绍一下具体的操作步骤。

步骤 01　在抖音短视频中选择需要合拍的热门短视频，点击视频播放界面的按钮，如图 8-8 所示。

步骤 02　操作完成后，弹出面板，点击"合拍"按钮，如图 8-9 所示。

图 8-7　其他抖音号和忠哥的合拍

图 8-8　点击相应按钮　　　　**图 8-9　点击"合拍"按钮**

步骤 ⑬ 操作完成后，手机屏幕将分成左右两部分显示，如图 8–10 所示。右边显示的是热门视频的播放界面，而左侧则是手机镜头拍摄的画面。

步骤 ⑭ 用户只需点击视频拍摄界面的 ⓒ 按钮，便可进行视频合拍操作，如图 8–11 所示。

图 8–10 手机屏幕分两部分显示

图 8–11 开始合拍视频

8.2.3 创造话题

创造话题就是通过一定的方式打造出抖音用户愿意参与的内容。比如，可以和矩阵内的其他账号一起做一项挑战，或者是将几个抖音矩阵号运营者之间发生的小故事进行展现。

图 8–12 所示为一对姐弟运营的抖音号发布的两条视频，这两条视频就是通过展现姐弟一起进行的挑战和两个账号运营者间发生的小故事来创造话题，实现抖音矩阵引流增粉的。

8.2.4 触发机制

在抖音矩阵的运营过程中要学会借助触发机制来带动小号的发展。当我们的大号拥有一定粉丝量时，可以引导该账号的粉丝去小号的视频下面评论和点赞。这样做可以让小号的内容更容易上热门，同时也能让小号获得更多人的关注，让小号快速实现爆粉。

也就是说，你小号发布的内容可能并没有太多的爆点，但因为你的大号拥有一定的粉丝，并且在抖音上有一定的影响力，所以，当大号与小号形成矩阵时，大号的引导，便可快速带动小号粉丝的增长。

图 8-12　通过创造话题实现引流增粉

比如，井胧运营的账号拥有 1000 多万粉丝，他有时候会让自己的姐姐在视频中出现，并 @ 姐姐运营的账号。当姐姐的账号评论时，及时回复，并将评论置顶，如图 8-13 所示。这些操作就很容易让他的粉丝看到他姐姐的账号，而他姐姐的账号发布的视频，自然也就更容易获得更多播放、点赞和评论了。

图 8-13　利用触发机制实现引流增粉

8.2.5　互相帮助

互相帮助是指当矩阵内的一个账号发视频时，其他账号积极去评论区做好引导，或者给视频点赞并进行转发。在评论其他账号的视频时，一定要积极创造话题，引导抖音用户，不要只说一些无关痛痒的话。

图 8-14 所示为"老丈人说车"（祝晓晗和她的父亲运营的抖音号）发布的一条视频，该视频是讲祝晓晗因为不会倒车入库，就特意花钱找代驾过来把车倒进车位。然后，祝晓晗用自己运营的账号发了一条评论，表示倒车入库在自己看来是比较难的，要把车倒进车位里，还得靠代驾，结果这条评论很快就获得了 49 条回复。

图 8-14　通过互相帮助实现引流增粉

8.2.6　整体故事

不管你的矩阵包含了多少账号，都要想办法把账号联合起来，给抖音用户呈现一个完整的故事。这样做不仅能让抖音用户看到故事的全貌，还能让矩阵快速形成，让视频内容实现快速传播。

海南有 4 个小哥经常将他们之间的一些小故事拍摄成视频。比如，一起对口型演唱了一首歌，他们分别用不同的账号和视角进行了呈现，如图 8-15 所示。

这样，抖音用户就可以通过几个人的视频，看到他们在拍摄这首歌的对口型完整版了。而且，因为出现了几个视角，所以他们的内容虽然是相同的，但是能用有趣的编排吸引抖音用户围观。

图 8-15　通过完整故事实现引流增粉

8.2.7　其他视角

除了将自己作为主角拍摄视频之外，还可以借助矩阵，通过第二视角和别人眼中的你来展现个人形象。

第二视角就是通过展现拍摄过程中的搞笑画面以及拍摄中遇到的困难让抖音用户看到不一样的你。有时候，正经拍摄的视频，看的人可能不是很多。但是，因为在拍摄过程中发生了一些有趣的事，拍摄视频的花絮抖音用户反而会更感兴趣。因此，通过第二视角拍摄视频也是一种吸引流量的有效方式。

展现别人眼中的你，就是不要自己拿手机去拍摄视频，而是要通过别人的角度来展现你的形象。比如，可以从你的丈夫（或妻子）、兄弟姐妹、父母、同事的角度，拍摄你的日常生活。

比如，"Boss 是我女神"这个抖音号就是从一名在女朋友公司工作的男员工的角度，来展现身为老板的女朋友的形象的，如图 8-16 所示。

图 8-16　通过他人的视角展示你的形象

通过其他拍摄者的角度看你的优势和性格，这比你自己拍的视频通常要有趣得多。因为其中融入了另外一个人的角色，所以容易满足用户窥探私密的好奇心。而且，你自己给自己拍，你肯定是拍最好的、最美的，而其他人可能更多地拍你最正常、最私密的一面，这也能让抖音用户对你产生一种不同的感受。

8.2.8　不经意间展示

不经意间展示是指，自己的本意其实是拍另外一个事件的，然后不经意间露出想要传播的事件。这种不经意既可以是真的不经意，也可以是自己故意设计的不经意。

图 8-17 所示为抖音账号运营者不经意间看到一个女孩在公交车上睡觉，坐在她后面的男孩担心公交车行驶过程中，行李箱的滑动会让女孩摔倒，于是就伸脚固定了行李箱的位置的视频。

因为觉得这一幕很让人感动，所以视频运营者就将其拍下来，上传到了抖音上。许多抖音用户看到视频之后，觉得这个男孩的做法很暖，便纷纷点赞，评论。

图 8-17 通过不经意间拍摄的视频示例

很多时候，这种不经意间拍摄的视频都是有亮点的，如果抖音用户没有发现其中的亮点，我们还可以让矩阵中的其他账号通过评论指出来，从而引导和制造新的话题，增加视频的热度。

8.3 4种思维，助力带货能力升级

在借助矩阵营销的过程中，如果我们能够学会一些思维方式，就能快速增强营销效果，助力抖音号实现带货能力的升级。那么，具体有哪些思维方法呢？这一节就为大家重点介绍产品思维、招商思维、品牌思维和跨界思维。

8.3.1 产品思维

产品思维是什么呢？简单理解就是通过分享与产品相关的内容，以及对产品的展示，让抖音用户看完视频之后，对你的产品产生认同感，从而刺激抖音用户对产品的消费欲望。

产品思维就是以产品为中心，围绕产品打造视频内容。否则，抖音用户在看视频时，会觉得你这个账号只是在硬性植入产品，对他们来说价值不大。而抖音用户对硬性植入通常又是比较反感的，所以如果视频内容与产品不具有相关性，那就很难达到预期的营销效果了。

比如，"老丈人说车"这个抖音号，会经常为抖音用户展示买车、驾驶的相关知识，如图 8-18 所示。

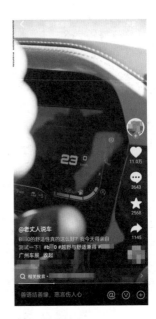

图 8-18　运用产品思维增强带货能力

也正是因为如此，这个抖音号吸引很多对汽车感兴趣的人。在获得了一定粉丝量之后，这个账号偶尔会分享一些与汽车相关的产品。由于账号粉丝量比较多，所以它分享的产品通常能获得一定的销量，这就是运用产品思维在做抖音运营。

8.3.2　招商思维

许多品牌和微商运营抖音号的一个重要目的就是进行招商。而要想更好地招商，你就要掌握招商思维。很多人对招商思维有一个错误的理解，认为只要在抖音上直接输出产品，展示产品的优势就可以了，但这样做通常是很难找到代理的，如图 8-19 所示，结果虽然有一个点赞，但发布的视频却连一个评论都没有。

那么，究竟要怎样招商呢？我认为最主要的还是让潜在客户看到你的价值。比如，你要招代理，那你就要让抖音用户看到你的运营模式是怎样的、对代理商有哪些方面的扶持、你是怎样去维护客户的、怎样去打造矩阵的。

当你在抖音中展现这些内容时，你就能够获得一些精准的潜在客户。这些潜在客户即便对你的产品兴趣不是很大，但喜欢你的运营模式，觉得跟着你做有前途，他们也会成为你的代理。

8.3.3　品牌思维

品牌思维，简单地理解就是在抖音号的运营和抖音矩阵的打造过程中，有意识地去打造自己的品牌，提高自身的知名度，从而在提升品牌影响力的同时，增强带货和卖货能力。像三只松鼠这个品牌就是如此，将品牌形象塑造成三只外形不同的松鼠，并围绕该形象推出了许多视频，如图 8-20 所示。这样做不仅积累了一定的粉丝，还提升了品牌的知名度。

图 8-19　没有效果的招商视频

图 8-20　结合卡通形象推出视频

8.3.4　跨界思维

跨界思维是指通过将不同行业、领域的内容与你的领域定位结合起来进行呈现的一种思维。跨界思维不是单纯地展现你的产品和运营模式，而是让你的产品为内容服务，甚至作为道具融入视频中。

比如，你运营的是一个广场舞方面的抖音号，平时主要发布一些展示广场舞动作的视频，这时你就可以将跳广场舞中用到的服装和鞋子作为产品进行销售，这就是运用跨界思维来进行抖音号的运营。

跨界思维能让抖音用户在对你的视频内容认可的基础上，去选择你的产品。而且虽然是跨界，但是，你的产品和内容也有一定相关性，所以，在看到你的视频之后，抖音用户对相关产品的需求可能会有所增加。就像跳广场舞的阿姨们，看到你的教学视频中有服装链接时，如果有需要，很可能就会选择购买。

对于许多抖音电商运营者来说，变现是抖音运营的最终目的。但是，因为目标人群在消费水平和消费需求上有所不同，所以，我们需要通过不同的展现方式、不同变现渠道来达到变现的目的。那么，我们为什么不能用跨界思维来进行多样化的展示，吸引更多抖音用户购买产品呢？

第 9 章

4 种抖音＋新玩法：解锁更多卖货实用方法

学前提示

　　随着抖音的发展，越来越多与其相关的内容也开始不断兴起。在这种形势之下，我们需要顺应时代潮流，探索抖音的新玩法。

　　本章就从抖音＋盒子、抖音＋团购、抖音＋任务和抖音＋超市这 4 个方面，为大家解锁更多抖音带货、卖货的实用方法。

要点展示

- 抖音＋盒子，有效提升佣金收益
- 抖音＋团购，高效提高带货销量
- 抖音＋任务，扩宽带货卖货范围
- 抖音＋超市，助力本地生活服务

9.1 抖音盒子，有效提升佣金收益

对于通过带货获得佣金收益的运营者来说，抖音盒子是推广商品、提升自身收益的一个绝佳平台。运营者可以通过在该平台上发布内容来增加带货商品的曝光率和销量，从而有效地提高佣金收益。

9.1.1 基础知识

对运营者来说，了解并运用好抖音盒子是很有必要的，因为运营者可以通过在抖音盒子 App 上发布带货内容来增加商品的曝光量，从而提升自身的收益。下面，笔者就来为大家讲解抖音盒子的一些基础知识，让大家从零开始快速了解抖音盒子。

1. 什么是抖音盒子

什么是抖音盒子？抖音盒子是由字节跳动公司推出的一款独立电商 App，其 slogan（口号）为"开启潮流生活"，它背靠抖音的强大流量，有望成为下一个短视频＋直播带货风口。

抖音的电商布局之路由来已久，从 2018 年 8 月上线的抖音小店（购物车），到 2021 年底推出的抖音盒子，抖音的"电商梦"已经沉淀了 3 年多的时间，如今终于开始步入正轨。抖音盒子的出现，表明了抖音已经开启了一条全新的商业化道路，用来抗衡淘宝、京东和拼多多等传统电商巨头。

抖音盒子的定位是"潮流时尚电商平台"，在其应用描述中，软件介绍内容为："围绕风格、时尚、购物，从街头文化到高端时装，从穿搭技巧到彩妆护肤，和千万潮流玩家一起，捕捉全球流行趋势，开启潮流生活。"在抖音盒子的应用介绍中"潮流""风格""时尚"等字眼被不断提及，由此可见其重点用户人群是一二线城市中的年轻人群体，这一点与抖音当初的产品定位如出一辙。

2020 年 10 月 9 日，抖音关闭了抖音直播间的所有电商外链，像淘宝、京东等其他第三方平台中的商品将无法再分享到直播间购物车中，同时全品类商品都需要通过巨量星图发送任务单才能上架购物车。

从 2022 年开始，抖音持续加码完善物流配送，在与各大快递公司展开合作的同时，还推出自己的快递服务"音尊达"，来降低物流原因导致的商品退货率，提升用户复购率。抖音所有的这些操作，无不是在为自己的独立电商 App——抖音盒子铺路，至于结果如何，大家就拭目以待吧。

2. 入驻抖音盒子的步骤

运营者只需登录抖音盒子 App，便可以直接完成抖音盒子平台的入驻。而且，如果运营者的抖音号开通了电商功能，还可以通过抖音号入驻抖音盒子平台，并在该平台上发布带货内容。具体来说，运营者可以通过以下操作登录抖音盒子 App。

步骤 01 打开抖音盒子 App，进入"推荐"界面，点击界面中的"我的"按钮，如图 9-1 所示。

步骤 02 执行操作后，进入"欢迎登录"界面，选中"已阅读并同意'用户协议'和'隐私政策'"前方的复选框；点击"使用上述抖音账号一键登录"按钮，如图 9-2 所示，用默认抖音号登录抖音盒子 App。

图 9-1　点击"我的"按钮　　**图 9-2　点击"使用上述抖音账号一键登录"按钮**

步骤 03 执行操作后，即可使用默认抖音号登录抖音盒子 App，并自动进入"我的"界面，如图 9-3 所示。

除了使用默认抖音号登录之外，运营者还可以使用其他账号登录抖音盒子 App。具体来说，运营者点击"欢迎登录"界面（见图 9-2）中的"登录其他帐号"按钮后，即可在跳转的"欢迎登录"界面中使用抖音号的认证手机号或者其他手机号登录抖音盒子 App，如图 9-4 所示。

专家提醒

对于已注册了抖音号，抖音号已经开通电商功能，并支付了保证金的运营者来说，使用抖音号直接登录抖音盒子 App，比重新注册并进行登录要好得多。因为直接使用这样的抖音号登录，可以直接在抖音盒子 App 中进行带货了。而新注册的账号，要完成注册工作，并开通电商带货功能（包括支付保证金）后才能进行带货，这无疑是比较麻烦的。

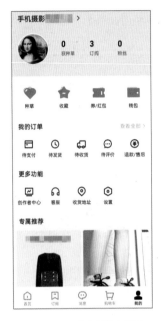

图9-3 "我的"界面

图9-4 "欢迎登录"界面

9.1.2 盈利方式

很多运营者之所以愿意花费心力来运营抖音盒子账号，主要就是因为在运营过程中可以通过多种方法获得收益。下面，笔者就来为大家介绍抖音盒子的常见变现方式，为大家介绍提升账号运营收益的方法。

1. 逛街推荐

在抖音盒子App中的"逛街"板块中，展示了平台中在售的各种商品。用户只需点击某款商品的信息，即可进入商品详情界面，查看或购买该商品，如图9-5所示。

对此，运营者可以注册一个抖音小店，并将商品发布至抖音盒子平台。这样，运营者便可以在"逛街"板块中销售商品，获得收益。

2. 订阅账号

在抖音盒子App的"订阅"板块中，会自动展示已订阅账号发布的内容。如果用户点击该界面中的短视频画面，还可以进入短视频全屏播放界面，这样能够更好地查看短视频内容，如图9-6所示。

对此，运营者可以通过发布干货内容或发送福利引导用户订阅你的账号。这样，用户便会成为你的粉丝，而你则可以通过发布内容持续引导用户购买你推荐的商品。

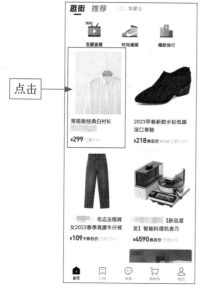

图9-5　通过"逛街"板块进入商品详情界面

图9-6　通过"订阅"板块进入短视频播放界面

3．视频种草

许多用户都习惯于在闲暇时间刷短视频，针对这种情况，运营者可以通过短视频来宣传商品，给用户种草，从而增加商品的销量。

具体来说，运营者可以在抖音盒子平台中发布种草短视频，并在短视频中添加商品的购买链接。这样，抖音盒子App中便会在该短视频的播放界面中展示商品图片链接，用户只需点击该图片链接，即可在弹出的对话框中查看商品详情，如图9-7所示，有需要的用户还可以直接购买该商品。

当然，为了增加用户购买相关商品的意愿，运营者需要让短视频内容和商品对用户更有吸引力。比如，运营者可以在短视频中重点展示商品的核心功能，或者通过优惠秒杀让用户觉得你的商品物美价廉。

图9-7　点击商品图片链接查看商品详情

4．内容搜索

因为抖音盒子平台中的内容太多了，随机刷不一定能快速看到自己需要的内容。所以，相比于无目的地刷平台推荐的内容，许多用户更加习惯于通过搜索查找相关的内容。

具体来说，用户点击"推荐"界面中的搜索框，如图9-8所示。进入搜索界面，输入关键词，点击"搜索"按钮，如图9-9所示。即可在搜索结果中查看自己感兴趣的短视频和直播内容，如图9-10所示。

通常来说，如果运营者的账号名字或内容标题中包含了用户的搜索关键词，那么你的短视频或直播内容就会更容易被用户看到。因此，运营者最好根据自身定位确定账号名字，根据商品制作短视频和直播标题。这样，你的内容会被更多用户看到，而你的商品销量也会更有保障。

图 9-8 点击搜索框   图 9-9 点击"搜索"按钮   图 9-10 查看短视频和直播内容

5．直播销售

表达能力比较强的运营者，可以直接通过直播来销售商品，获得带货佣金和礼物收入。与大多数平台不同，在抖音盒子 App 中只有添加了购物车商品才能进行直播，也就是说抖音盒子直播都是电商直播。

具体来说，抖音盒子 App 的直播中都会显示🔲图标，用户点击该图标即可在弹出的对话框中查看直播间销售的商品，有需要的用户还可以直接进行购买。

对于运营者来说，直播是提高自身收益的一条重要途径。如果运营者自身的表达能力比较好，可以自己当主播，进行商品的讲解；如果运营者自身的表达能力有所欠缺，可以招聘专业的销售主播。

9.2 抖音团购，高效提高带货量

很多运营者都想在运营抖音号的同时，通过团购带货来赚取"零花钱"。其实，只要运营者的团购带货销量有保障，那么赚取"万元零花钱"也是一件很轻松的事。本节，笔者就来讲解团购带货的运营方法，帮助运营者提升销量和带货收益。

9.2.1 带货的运营技巧

很多运营者认为，只要开通团购带货功能就行了，其他的可以慢慢自己摸索。这个想法有些消极了，其实团购带货是有运营技巧的，如果运营者能够掌握技巧，那么团购带货会更加高效，并且获得的收益可能也会更多。

1. 提升团购带货等级

抖音平台会根据团购带货达人的等级来解锁权益，图9-11所示为Lv1团购带货达人可以享受的权益和全部权益。从中可以看到，虽然团购带货达人的权益总共有10项，但是Lv1团购带货达人只能享受3项权益。其他的权益，需要通过提升团购带货达人的等级来解锁。

所以，对于运营者来说，很有必要完成升级任务，提升团购带货的达人等级。这样，随着获得的团购带货权益越来越多，运营者的曝光量不断提高，影响力不断提升，获得的佣金收益也会不断增多。

图9-11　Lv1团购带货达人可以享受的权益和全部权益

2. 查看已入驻达人

有的运营者刚做团购带货，可能还没有太多经验。这一部分运营者可以查看已入驻的达人，看看他们是怎么做的，学习成功的经验。具体来说，运营者可以通过以下操作，查看已入驻达人的相关信息。

步骤01 进入抖音App的"团购带货"界面，向上滑动界面，点击"看榜单"选项下的"查看全部榜单"按钮，如图9-12所示。

步骤02 执行操作后，进入所在城市"团购达人榜"界面的"达人带货"面板，即可查看同城团购达人的排行情况，如图9-13所示。

步骤03 点击所在城市"团购达人榜"界面中的"达人带货飙升榜"按钮，即可进入"达人带货飙升榜"面板，查看所在城市达人的飙升排行榜。点击该排行榜中某达人账号所在的位置，如图9-14所示。

步骤04 执行操作后，即可进入对应达人的账号主页界面。点击界面中的"团购推荐"按钮，如图9-15所示，还可查看该达人曾经推荐过的商品。

步骤05 执行操作后，即可进入"团购推荐"界面，看该达人曾经推荐过的商品。点击某个商品所在的位置，如图9-16所示。

步骤06 执行操作后，即可进入团购推荐商品的详情界面，如图9-17所示。

图 9-12　点击"查看全部榜单"按钮

图 9-13　所在城市的"达人带货"面板

图 9-14　点击某达人账号所在的位置

图 9-15　点击"团购推荐"按钮

　　除了所在城市的"团购达人榜"之外，运营者还可以查看全国的"团购达人榜"排行情况。具体来说，运营者点击"全国"按钮，即可进入全国的"团购达人榜"页面的"达人带货榜"板块，查看全国达人带货排行榜，如图9-18所示。另外，点击全国"团购达人榜"界面中的"达人带货飙升榜"按钮，还可以在"达人带货飙升榜"面板中查看全国达人的飙升排行情况，如图 9-19 所示。

图 9-16　点击某个商品所在的位置

图 9-17　团购推荐商品的详情界面

图 9-18　全国的"达人带货榜"

图 9-19　全国的"达人带货飙升榜"

当然，如果有需要，运营者也可以点击全国"团购达人榜"界面中对应账号所在的位置，查看达人的主页信息和团购带货视频。

专家提醒

　　"达人带货榜"和"达人带货飙升榜"都是固定时间更新的，具体来说，每周三会更新"达人带货榜"；每月 3 号会更新"达人带货飙升榜"。因此，运营者看到的这两个榜单代表的是近期的历史情况，而不是实时的排行。

3．查看优秀带货案例

　　除了可以查看已入驻达人学习成功经验之外，运营者还可以通过查看优秀的带货案例，总结这些案例受到用户欢迎的原因，为之后的团购带货视频提供经验。具体来说，运营者可以通过以下步骤查看优秀带货案例。

　　步骤 01 进入抖音 App 的"团购带货"界面，向上滑动界面，点击"学知识"选项下的"查看全部案例"按钮，如图 9-20 所示。

　　步骤 02 执行操作后，进入"优秀案例"界面。点击某个带货视频的封面，如图 9-21 所示，看看优质带货视频是怎么做的。

　　步骤 03 执行操作后，即可进入团购带货视频播放界面，查看具体的带货内容，如图 9-22 所示。

图 9-20　点击"查看全部要案例"按钮　　　图 9-21　点击某个带货视频封面　　　图 9-22　视频播放界面

9.2.2 视频的拍摄技巧

在进行团购带货的过程中，带货视频的拍摄非常关键。如果运营者拍摄的带货视频对用户有吸引力，那么愿意去对应店铺中下单的用户会比较多，而运营者通过团购带货获得的收益自然就会比较有保障。

那么，运营者要如何拍摄出对用户有吸引力的带货视频呢？下面，笔者就来为大家介绍团购带货视频的拍摄技巧，帮助大家拍摄出对用户更有吸引力的带货视频。

1. 店铺的外景

有的用户去线下实体店中购物时，会比较注重店铺的外景。如果店铺的外景足够好看，那么用户会更愿意进去购物。很多商家也明白这一点，所以这些商家的店铺外景会打造出自己的特色。

对此，运营者在拍摄带货视频时，可以将店铺的外景展示出来，用美观、独特的外景来吸引用户进店购物。当然，如果运营者是帮旅游景点做团购带货，也可以在视频中重点展示旅游景点里面的特色建筑，通过这些别具一格的建筑来吸引用户前往景点购票。

图 9-23 所示为某运营者发布的团购带货视频，因为该运营者是为某个旅游景点带货，而该景点中又有许多传统的中式建筑，所以该运营者便通过展示这些传统特色建筑来吸引用户。

图 9-23　通过展示传统特色建筑吸引用户

2．套餐或多个菜品

有的店铺中销售的是套餐，有的店铺主要是做自助餐。在给这类店铺做团购带货时，运营者可以重点拍摄店铺中的套餐或多个菜品，通过同时展示多种商品让用户觉得店铺中的商品物超所值。

当运营者为店铺中的套餐带货时，拍摄套餐中包含的商品可以让用户更好地了解套餐的内容。而且如果套餐中包含的商品比较多，用户也会觉得该套餐更值得购买；当运营者为某个做自助餐的店铺做团购带货时，将该店铺中的多个菜品展示出来，则可以显示自助餐菜品的丰富性，让用户觉得该自助餐可以吃的东西有很多。

3．店内的环境

相比于店铺的外景，很多用户可能更在意店内的环境。毕竟购买商品之后，用户需要在店内体验商品或享受相关的服务，如果店内的环境太差，用户会觉得自己很难获得良好的体验。当然，大多数商家也比较注重店内环境的营造，很多商家都花费大量资金和心力来进行店内设计。

对此，运营者在拍摄团购带货视频时，可以将店内的整体环境展示出来，展现出店内整洁、美观的一面。除此之外，还可以展示店内比较具有特色的设计，呈现出店内环境的独特性。

例如，某运营者在给酒店做团购带货时拍摄了一条视频，这条视频便是通过展示酒店内的环境来吸引用户的，如图 9-24 所示。从视频来看，该酒店的店内环境看起来比较整洁美观，而许多用户就喜欢在这样的环境中居住。所以，有的用户看到这条视频之后，便会选择前往对应的酒店住上一晚。

4．食物制作过程

近年来，人们对食品安全的问题越来越重视，所以在购买食物类商品时，很多人都会慎之又慎。这一点其实很好理解，毕竟食物都是要吃进肚子里的，如果食物存在安全问题，那么很多人都不会吃。

对此，运营者可以通过一条团购带货短视频将食物的制作过程中展示出来，让用户明白店铺中食物的制作是符合规范的，制作出来的食物不会存在安全问题。这样，用户看到视频内容之后，自然会更愿意购买店铺中的食物。

例如，某运营者在给饮品店做团购带货时，发布了一条短视频。这条短视频将某款饮品的制作过程都呈现了出来，如图 9-25 所示。

5．单独的食物细节

如果运营者团购带货的食物很好看，而且细节也做得很好，那么在拍摄视频时可以在画面中单独展示食物的细节，通过类似于特写的镜头来近距离展示食物，如

图9-26所示。

图9-24　通过展示店内环境吸引用户

图9-25　通过展示食物制作过程吸引用户

这种近距离展示食物的视频，不仅可以展示出商家在食物细节方面的用心，还可以让食物看起来更加有食欲。尤其是那些色彩比较鲜艳的食物和配料丰富的食物，近距离展示出来会非常好看。如果拍摄时灯光营造得好，整个视频画面也会比较有质感，视频画面对用户的冲击力也会比较强。

图9-26 拍摄单独的食物细节

运营者需要明白的一点是，人是视觉动物，具有视觉冲击力的事物会更抓人眼球。做团购带货视频也是如此，当运营者拍摄单独的食物细节时，如果能够拍出食物的美感，用户看到视频时也会更愿意停留。

6. 美食品尝体验

以前在请很多明星做产品代言时，只要明星自己有名气就可以了，至于明星本人有没有用过该产品，就不重要了。现在广告法有所变化，明星对于自己没有用过的产品不能再做代言了。

明星广告代言的这种变化，也从一定程度上反映了用户消费观的变化。以前只要是明星代言的，人们就会觉得值得信赖。现在很多人都会觉得明星自己也在用的东西，才是真正值得信赖的。

其实，不只是明星代言的商品，抖音达人推荐的商品也是如此。只有抖音达人亲自尝过，并且说好吃的美食，用户才会觉得该美食是真的好吃。对此，运营者在为美食类商品做团购带货时，可以通过视频将美食的品尝画面展示出来，让用户明白自己是亲身体验了该商品的，如图9-27所示。

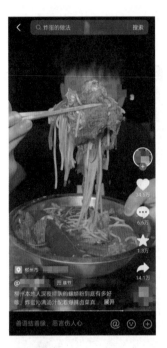

图 9-27　拍摄美食品尝体验

专家提醒

　　用户之所以更愿意信赖运营者品尝和体验过的美食，主要是因为在他们看来，只有亲自体验过才有话语权。如果运营者只是对着美食一顿夸，但是始终不肯吃一口，那么用户就会认为该美食的味道可能不太好，因为运营者自己都不会吃一口。在这种情况下，运营者团购带货就很难获得预期的效果了。

7. 服务过程体验

　　在给美食类（即食品类）商品做团购带货时，最好通过视频将自身体验展示出来，这样运营者的视频才会更有说服力。其实，食品类商品、服务类商品也是如此。如果运营者自己都没有体验过商品就一味地说服务好，那么说的内容都只是自己想象出来的。

　　对此，运营者在给服务类商品做团购带货的过程中，可以亲自体验（至少让团队中的人员体验一下）服务，并总结体验过程中的感受。这样，运营者便可以结合切身体验总结出该服务的优势，从而通过真情流露吸引更多用户购买服务。

　　图 9-28 所示为某运营者发布的一条团购带货短视频，可以看到该视频中展示的就是运营者所在团队的人员亲身体验服务的过程。因为视频展示了店铺人员专业

的服务，而且该服务的性价比也比较高，所以该店铺便成了很多用户的选择。

图 9-28　通过展示体验服务的过程吸引用户

8．剪辑精彩片段作为片头

有的用户会根据视频前几秒的内容决定是否要继续看下去，如果视频前几秒的内容没有吸引力，用户可能就会选择滑走。这样一来，很多用户可能连视频都没看完，运营者的带货效果就很难得到保障了。对此，运营者可以对拍摄的视频内容进行剪辑，将比较有吸引力的内容作为片头，如非常大的优惠力度、服务等。这样，用户看到片头之后，会更愿意看下去。

9.3　抖音任务，扩宽带货卖货范围

"全民任务"是抖音推出的一个低门槛变现渠道，所有用户都可以通过完成其中的任务来获得收益。可能部分运营者对"全民任务"还不是很了解，本节笔者就来讲解"全民任务"的相关知识，让大家更好地参与对应的任务，从而获得更多的收益。

9.3.1　了解基础知识

虽然"全民任务"是抖音中的一个重要功能，但可能有的用户对该功能还不是很了解。下面，笔者就来介绍"全民任务"的一些基础知识，帮助大家快速了解"全

民任务"。

1．什么是全民任务

"全民任务"的字面意思就是所有人都可以参与的任务，也就是说这些任务是没有参与门槛的，只要有想法，运营者便可以参与对应的任务。

而对于"全民任务"的发布者来说，因为这些任务的实质是借助抖音平台对品牌和商品进行推广，所以要给抖音平台支付一定的费用才能进行任务的发布，再加上还需要给参与任务的用户发放奖励，因此发布这一类任务是需要花费一定成本的。

在参与"全民任务"的过程中，运营者可以在"全民任务介绍"界面中查看全民任务的相关介绍，如图9-29所示。此界面包括6大板块，分别为"全民任务知多少""全民任务奖励介绍""参与任务三步走""全民任务小贴士""全民任务问题答疑"和"更多问题关注官方账号"。

图9-29 "全民任务小贴士"板块

2．全民任务的参与规范

抖音平台制定了《全民任务参与规范》，运营者在参与"全民任务"之前，需要认真查看该规范。具体来说，运营者可以进入某个"全民任务"的"任务玩法"界面，如图9-30所示。向上滑动界面，点击"规则说明"中的"《全民任务参与规范》"链接，如图9-31所示。

执行操作后，即可进入"全民任务用户参与规范"界面，运营者可以在该界面中查看"用户账号规范"和"用户站内发布内容规范"。图 9-32 所示为"全民任务用户参与规范"界面中的部分内容。

图 9-30　"任务玩法"界面　　　图 9-31　点击"《全民任务参与规范》"链接

图 9-32　"全民任务用户参与规范"界面中的部分内容

专家提醒

抖音平台对账号和内容的管控比较严格，如果运营者的账号或发布的内容违反了规范，那么平台就会进行处罚。因此，为了更好地参与"全民任务"，运营者需要仔细阅读"全民任务用户参与规范"，并确保自己的内容和行为不会违反该规范。

9.3.2　进入活动页

运营者要想参与"全民任务"，先得进入该类任务的活动页。具体来说，运营者可以通过3种方式进入"全民任务"的活动页，参与对应的任务。下面，笔者就来分别进行说明。

1. "全民任务"功能

抖音平台中有一个专门的"全面任务"功能，运营者可以通过该功能进入"全民任务"的活动页，具体操作如下。

步骤 01　进入抖音App的"我"界面，点击█图标；选择"抖音创作者中心"选项，如图9-33所示。

步骤 02　执行操作后，进入抖音创作者中心界面，点击界面中的"全民任务"按钮，如图9-34所示。

图 9-33　选择"抖音创作者中心"选项　　图 9-34　点击"全民任务"按钮

步骤 ③ 执行操作后，即可进入"全民任务"活动页，查看相关的任务信息。

2. "全民任务小助手"

抖音号"全民任务小助手"中，为运营者提供了"全民任务"活动页的入口。运营者可以通过该入口查看"全民任务"的活动页，具体操作如下。

步骤 ① 打开抖音 App，点击"首页"界面右上方的 Q 图标，如图9-35所示。

步骤 ② 执行操作后，进入搜索界面，在搜索框中输入"全民任务小助手"；点击"搜索"按钮，如图9-36所示。

图9-35　点击相应图标

图9-36　点击"搜索"按钮

步骤 ③ 执行操作后，点击搜索结果中的对应抖音号，如图9-37所示。

步骤 ④ 进入抖音号"全民小助手"的主界面，点击界面中的"官方网站"按钮，如图9-38所示。

步骤 ⑤ 执行操作后，即可进入"全民任务"界面，查看相关的任务内容，如图9-39所示。

3. "变现任务"界面

抖音的"变现任务"会展示各类任务的相关信息，运营者可以从其中找到"全民任务"，并选择合适的任务参与。具体来说，运营者可以通过以下步骤，在"变现任务"查看"全民任务"的相关信息。

步骤 ① 进入抖音 App 的"我"界面，点击 ▤ 图标；选择"抖音创作者中心"

选项，如图9-40所示。

步骤02 执行操作后，点击界面中的"变现任务"按钮，如图9-41所示。

图9-37 点击对应抖音号　图9-38 点击"官方网站"按钮　图9-39 "全民任务"界面

图9-40 选择"抖音创作者中心"选项　　图9-41 点击"变现任务"按钮

步骤03 进入"变现任务中心"界面，即可查看相关任务信息，如图9-42所示。

步骤04 在"全民任务"按钮下有3个选项，分别为"任务类型""奖励类型"和"行业"，如图9-43所示。点击其中任意一个选项，即可查看相应的任务信息。

图9-42 "变现任务中心"界面

图9-43 "全民任务"按钮下的3个选项

专家提醒

进入"全民任务"活动页的方式主要有以上3种，运营者可以一一进行尝试，选择适合自身习惯的进入方式。简单来说，就是哪种方式用起来比较方便，运营者便可以一直用下去，提高自身的操作熟练度。

9.3.3 参与步骤

前面一节内容中笔者重点讲解了"全民任务"的基础知识，那么运营者要如何参与"全民任务"呢？具体来说，"全民任务"的参与流程主要包括3个步骤，下面笔者就来分别进行解读。

1. 挑选任务

"全民任务"活动页中展示了很多任务，在确定要参加任务之前，运营者可以根据自己的兴趣进行一番挑选。具体来说，运营者可以通过以下步骤，挑选自己感兴趣的任务。

步骤01 进入抖音App的"全民任务"界面，运营者可以从"任务类型""收益类型"和"行业分类"这3个角度，对任务进行筛选。以"收益类型"的筛选为例，运营者可以点击"收益类型"按钮，如图9-44所示。

步骤 02 执行操作后，会出现奖励类型的下拉面板，从面板中选择感兴趣的奖励类型，如"现金奖励"；点击"确定"按钮，如图9-45所示。

图9-44 点击"收益类型"按钮

图9-45 点击"确定"按钮

步骤 03 执行操作后，会出现符合要求的任务，点击某个任务介绍信息中的 图标，如图9-46所示。

步骤 04 执行操作后，即可进入"任务详情"界面，查看该任务的相关信息，如图9-47所示。

图9-46 点击相应图标

图9-47 "任务详情"界面

2．查看玩法

确定了要参与的任务之后，运营者便可查看该任务的玩法，为参与任务做好准备。具体来说，运营者可以向上滑动任务详情界面，在"任务玩法"板块中查看"必选任务""可选任务""规则说明"和"平台声明"等信息，如图9-48所示。

图 9-48 "任务玩法"板块

专家提醒

每个任务的玩法都不相同，运营者可以通过查看"任务玩法"的具体内容，判断自身是否适合参与该任务。如果运营者觉得该任务的参与难度高或者自己不太适合参与，可以换一个任务参加。

3．拍摄并发布

了解任务玩法，并确定自己要参加该任务之后，运营者便可以通过如下步骤拍摄并发布视频，主动参与任务。

步骤 01 进入要参与的任务的"任务详情"界面，点击界面下方的"立即参与"按钮，如图9-49所示。

步骤 02 执行操作后，进入拍摄设置界面，对相关信息进行设置，点击●图标，如图9-50所示。

步骤 03 执行操作后，进入视频拍摄界面，如图9-51所示。

图 9-49　点击"立即参与"按钮

图 9-50　点击相应图标

图 9-51　视频拍摄界面

步骤 04　视频拍摄完成后，进入效果预览界面，点击界面下方的"下一步"按钮，如图 9-52 所示。

步骤 05　执行操作后，进入发布界面，界面的内容输入框中会自动出现任务需要 @ 的抖音号和话题。运营者可以根据自身需求适当编写文字内容，点击"发布"按钮，如图 9-53 所示。

图 9-52　点击"下一步"按钮

图 9-53　点击"发布"按钮

步骤 06 执行操作后，若视频成功发布出去，界面中会显示"发布成功"的字样，如图9-54所示。

步骤 07 视频发布完成后，返回到该任务的"任务详情"界面，界面中会显示"投稿视频审核中"的字样，如图9-55所示。只要视频通过审核，运营者便有可能获得一定的收益。

图9-54 显示"发布成功"字样　　图9-55 显示"投稿视频审核中"字样

9.4 抖音超市，助力本地生活服务

2023年1月28日，抖音正式上线"超市"功能，打开电商新篇章。这一节，笔者就来介绍"抖音超市"的一些基础知识，帮助大家快速了解。

9.4.1 什么是抖音超市

"抖音超市"是抖音新推出的本地生活服务功能，里面的商品都是官方直发，享受正品保障的。跟线下超市相比，"抖音超市"最大的优点就是将日常生活用品放到线上售卖，不仅能够减少用户出行的时间，并且有物流送货上门，非常方便。除此之外，用户在"抖音超市"购买商品后能享受"当日发"的配送服务，非常节省时间。

9.4.2 进入抖音超市

目前，"抖音超市"还不是独立的App，也没有专门的入口，用户需要在抖音搜索栏或商城界面搜索抖音超市，才能进入"抖音超市"。下面，笔者就以从商城界面进入"抖音超市"为例，为大家进行详细说明。

步骤 01 进入抖音 App，系统默认停留在"推荐"界面，点击其左侧的"购物"按钮，如图 9-56 所示。

步骤 02 操作完成后，进入"购物"界面，点击搜索框，如图 9-57 所示。

图 9-56　点击"购物"按钮　　　　图 9-57　点击搜索框

步骤 03 操作完成后，在搜索框中输入"抖音超市"；点击其右侧的"搜索"按钮，如图 9-58 所示。

步骤 04 操作完成后，进入结果界面，点击"抖音超市"按钮，如图 9-59 所示。

步骤 05 操作完成后，进入"抖音超市"界面，如图 9-60 所示。

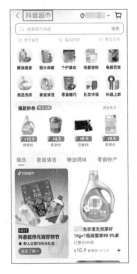

图 9-58　点击"搜索"按钮　图 9-59　点击"抖音超市"按钮　图 9-60　"抖音超市"界面

9.4.3 如何入驻

前面，笔者重点讲解了"抖音超市"的基础知识，那么运营者要如何入驻"抖音超市"呢？下面，笔者就来为大家进行详细解读。

1．入驻要求

因为抖音平台拥有着巨大的流量池，所以"抖音超市"也受到很多商家青睐，希望从中获利。但是，由于"抖音超市"刚上线不久，各项功能还不算特别完善，所以入驻要求也较为严格。图 9-61 所示为"抖音超市"的入驻须知。

第二章 入驻须知

2.1 入驻主体应为在中国大陆地区注册的企业。

2.2 企业的经营范围及经营时间应在在营业执照规定的经营范围及经营期限内。

2.3 售卖商品需包含在招商类目范围内，且具备相关资质，详见3.2。

2.4 商品必须符合法律及行业标准的质量要求。

2.5 供应商应如实提供相关资质和信息材料。

2.6 超市有权根据类目管理、品牌需要及供应商公司经营状况、服务水平等因素决定是否允许供应商入驻。

2.7 超市有权在供应商申请入驻后及后续经营阶段要求供应商提供其他经营资质。

2.8 超市将结合国家相关法律规定、各行业发展动态、消费者购买需求及超市需要，不定期更新入驻标准。

图 9-61 　"抖音超市"入驻须知

2．入驻方式

目前，"抖音超市"采用的入驻方式是定向准入招商方式，如图 9-62 所示。想要入驻的供应商需要先满足主体资质、行业资质、品牌资质和商品资质的要求，经评估后符合的，再正式引入作为超市正式供应商。相关资质要求可自行登录"抖音电商学习中心"官网进行查询。

3.1 入驻方式

超市目前为定向准入招商方式：

定向准入：指在超市对一些特定品牌或类目商品，实行先接收供应商初步咨询，待评估符合要求后，再进行正式引入作为超市正式供应商。

图 9-62 　"抖音超市"的入驻方式

3．供应商保证金

供应商入驻"抖音超市"，需要缴纳保证金。保证金缴纳额度由供应商经营类目决定。图 9-63 所示为部分经营类目的保证金缴纳标准。

一级类目	保证金（元）	家居饰品	50000
3C数码配件	50000	家庭/个人清洁工具	50000
保健食品/膳食营养补充食品	50000	酒类	10000
彩妆/香水/美妆工具	50000	居家布艺	50000

洗护清洁剂/卫生巾/纸/香薰	50000	婴童用品	50000
箱包	50000	孕妇装/孕产妇用品/营养	50000
医疗保健	50000	运动/瑜伽/健身/球迷用品	50000
隐形眼镜/护理液	50000	运动包/户外包/配件	50000

图9-63　部分经营类目的保证金缴纳标准

由于篇幅有限，除了图9-63所示的经营类目的缴纳标准之外，还有许多经营类目的缴纳标准没有展示出来，如果想要了解，可以自行登录"抖音电商学习中心"官网进行查询。

4．入驻限制

除了前面谈到的入驻要求之外，供应商入驻"抖音超市"还有一些限制，如图9-64所示。

"抖音超市"的上线，意味着抖音构建的电商闭环正在不断发展。虽然现阶段知名度还比不上其他电商、外卖平台的超市，但"抖音超市"背靠抖音，自带流量池，有很大的发展空间。

第五章 入驻限制

5.1 超市暂不接受未取得商标注册证或商标受理通知书的品牌的入驻申请；

5.2 品牌限制：

（1）与超市已有的品牌相似或已有的频道、业务、类目等相同或相似名称的品牌；

（2）包含行业名称、通用名称、知名人士或地名的品牌；

（3）与知名品牌相同或近似的品牌。

5.3 同一主体入驻超市限制：

（1）严重违规、资质造假等被平台清退的，永久限制入驻；

（2）严重违规、资质造假等被超市清退的，永久限制重新入驻。

图9-64　"抖音超市"的入驻限制